臨床心理フロンティア
Frontier

公認心理師のための
「基礎科目」
講 義

HARUHIKO SHIMOYAMA
監修 下山晴彦／編著[講義] JUN MIYAGAWA HARUHIKO SHIMOYAMA TAKAYUKI HARADA YOSHINOBU KANAZAWA
宮川 純・下山晴彦・原田隆之・金沢吉展

JUN MIYAGAWA
編集協力[講義メモ&確認問題] 宮川 純

本書の講義動画をこちら
からご覧いただけます。

北大路書房

臨床心理フロンティア
シリーズ紹介

「臨床心理フロンティア」は，**講義動画**と組み合わせて**現代臨床心理学**の最重要テーマを学ぶ画期的なテキストシリーズです。しかも，本書は，単に動画を学ぶためのテキストというだけでなく，下記のように読者の学習を支援するユニークな工夫がされています。

①いずれの講義でもその領域の重要語を解説する「**講義メモ**」がついているので，初学者でも安心して学習を深めることができます。
②講義の終わりには「**確認問題**」がついているので，ご自身の習得度をチェックでき，試験対策としても活用できます。
③巻末には関連する法律を掲載するなど，テーマごとに専門活動を深めるための**付録**がついているので，現場の心理職の専門技能の強化にも役立ちます。

したがって，本シリーズの読者は，本書を活用することで，日本を代表する現代臨床心理学のエキスパートの，密度の濃い講義を視聴し，そこで解説される最新の知識と技法を的確に習得し，専門性を高めることができます。

日本の心理職は，公認心理師法施行によって，新たな地平（**フロンティア**）に大きな一歩を踏み出しました。そして，国家資格をもつ専門職として，国民のニーズに責任をもって応えていくために，臨床心理学の最新の知識と技能を実践できることが義務となりました。これから公認心理師を目指す人はもちろん，これまでメンタルヘルス活動を実践してきた心理職も，現代臨床心理学を改めて学ぶことが必要となっています。

幸いなことに，現代臨床心理学の最重要テーマについては，臨床心理 iNEXT が e-ラーニング教材として講義動画プログラム「臨床心理フロンティア」を公開しています。本シリーズは，この臨床心理フロンティア動画の講義ノートとして作成されたものです。

もちろん本シリーズの書籍は，テキストを読むだけでも，最先端（**フロンティア**）の現代臨床心理学を学ぶことができます。しかし，臨床心理フロンティアの講義動画を視聴したうえで，本書を活用することで，知識と技能の習得度は飛躍的に高まります。本書では，各講義における重要語句を**太字**で示すとともに，要点となる箇所には下線（点線）を引いて強調してあります。ですので，読者は，注意を集中すべきポイントを押さえながら講義を聴くことができます。

なお，臨床心理フロンティアの講義動画の視聴には申請が必要です。

申請サイト　https://cpnext.pro/

申請できる条件

　［心理職］公認心理師，臨床心理士，臨床心理 iNEXT 会員

　［心理職を目指す方］公認心理師や臨床心理士といった心理職になることに関心がある人

　上記条件を満たす方は，申請サイトの「フロンティア会員登録」のボタンをクリックし，臨床心理 iNEXT の会員登録の申請をしてください。登録が完了した場合，番組を無料で視聴できます。なお，臨床心理 iNEXT の会員登録の申請受付は，2020 年 4 月からです。

　本シリーズは，臨床心理フロンティアの主要な講義動画をカバーできるように，順次書籍を出版していきます。シリーズテキストは，いずれも公認心理師の養成カリキュラムや国家試験にも対応する内容となっています。多くの皆様が本シリーズをとおして現代臨床心理学を学び，心理職としての専門性を高めていくことを祈念しております。

シリーズ監修　　下山　晴彦

序　文

　本書は，心理職の国家資格である「公認心理師」になるために学んでおかなければならない基本テーマをわかりやすく解説したテキストです。

　2017年に公認心理師法が施行され，2018年には第1回公認心理師試験が実施され，公認心理師の制度が正式にスタートしました。この公認心理師には，臨床心理士等の従来の心理職とは本質的に異なる特徴があります。それは，アカウンタビリティ（説明責任）が求められるようになったことです。

　国家資格となることは，心理職が国の政策に責任をもって関与することを意味します。国の政策には，国民の税金が使われています。したがって，心理職は，税金を有効に使っていることを，責任をもって国民に説明する義務が生じます。そこで重要となるのが，有効性が実証された活動を実践するエビデンス・ベイスト・プラクティスです。

　エビデンス・ベイスト・プラクティスの基礎となるのは，心理学研究の方法とその成果に関する知識です。そこで公認心理師となるためには，まず心理学の体系的理解が必要となります。次に，エビデンス・ベイスト・プラクティスを実行するためには，実践活動，研究活動，専門活動から構成される臨床心理学の体系的理解が必要となります。さらに，心理職の職業倫理についても学ぶ必要があります。なぜならば，職業倫理は，有効性が実証されている実践を，問題なく適切に行なうための行動の基礎だからです。「十分な教育・訓練によって身につけた専門的な行動の範囲内で，相手の健康と福祉に寄与する」という心理職の職業倫理は，常に心にとどめておかなければなりません。

　ここで，本書のタイトルについて説明をしておきます。公認心理師カリキュラムにおいて，①公認心理師の職責，②心理学概論，③臨床心理学概論，④心理学研究法，⑤心理学統計法，⑥心理学実験が「心理学基礎科目」とされています。本書の構成では，PART 1が②心理学概論に，PART 2が③臨床心理学概論に，PART 3が④心理学研究法〜⑥心理学実験に，PART 4が①公認心理師の職責に，それぞれ該当します。そこで，公認心理師カリキュラムの「心理学基礎科目」に関する講義という意味で，本書のタイトルを「公認心理師のための『基礎科目』講義」としました。

　このように本書は，公認心理師になるために習得しておくべき基礎科目のエッセンスを，そのテーマのエキスパートが解説しています。公認心理師やメンタルヘルスに関心のある多くの皆様にご活用いただけることを祈っております。

下山　晴彦

目 次

PART 2　公認心理師のための臨床心理学入門

PART 3　エビデンス・ベイスト・プラクティスの基本を学ぶ

PART 4　心理職の職業倫理の基本を学ぶ

0 はじめに：講義の概略　152

1 心理職の職業倫理的問題　156

付録　公認心理師法と公認心理師試験の概要　　201

PART 1

公認心理師のための
心理学概論

心理学史，研究・統計，知覚，認知，学習，言語・思考，感情，性格，脳・神経，社会，発達といった心理学の各分野に関する概説を通じて，心理学の全体像を把握し，「学問としての心理学」とは何であるかを確認します。

講 義

宮川　純
河合塾 KALS　講師

0 はじめに：講義の概略

1. 自己紹介

　「公認心理師のための心理学概論」の講義を始めていきたいと思います。担当は，河合塾 KALS の宮川です。よろしくお願いいたします。

　簡単に私の自己紹介をさせていただきます。私は心理系の大学院を修了した後，心理学の教育に携わっていきたいと考えまして，現在は河合塾 KALS という予備校で，これから心理専門職を目指す方に向けた大学院受験対策講座や，臨床心理士・公認心理師の資格試験対策講座を中心に仕事をさせてもらっています。

　先ほど述べたように私は研究職ではなく，心理学教育が専門です。そのため1つの心理学の分野を突き詰めているというより，さ

まざまな内容を皆さんにお伝えできるよう，心理学について幅広く，いろいろな分野について精通しています。今回お題をいただいた「心理学概論」は，心理学の各分野を網羅的にお伝えしていく内容になりますので，私にとってはいいお題をいただいたということで感謝しております。

2. 学問としての心理学とポピュラー心理学との乖離

　さて，ではこの講義の概略についてお伝えしていきたいと思います。

　「心理学とは何か」と問われたときに，皆さんならば，どのように答えるでしょうか。

　ここで，『心理学って何だろうか？』（楠見，2018）という書籍を紹介したいと思います。この本では，一般の方々に「心理学はどのような学問だと思いますか」など，心理学に関する意識調査を行なっており，一般の人が考える心理学のイメージについて，さまざまなデータを使って紹介しています。

　この本では「学問としての心理学」と「誰もが知っている心理学」が乖離していることが語られています。たとえば 2017 年の6月時点で，Amazon の心理学書籍の売れ行き

ポピュラー心理学と，学問としての心理学の乖離

ランキングを見てみると，上位20位までの中に心理学者の書いた本は14位と15位の2冊しかないと紹介されています。ということは「他の順位の本は，どのような本なんだ」ということになりますよね。これらは，心理学者ではない方が書いた心理学の本です。たとえばコーチングをやってる方や，メンタリストと呼ばれる方などがあげられます。実は心理学者ではない方々の心理学の本が多く世に出ていて，しかもそれらはよく売れています。世間においては，ポピュラー心理学と呼ばれるような，学問としての心理学とはやや違う心理学が台頭しているという現状があります。

また，一般の方に「心理学」について自由記述を求めると，「相手の深層心理を探って大切な部分を引き出すことができる」「相手の心理状態を読み取って危険を回避することができる」といった回答が多いとされています。この考えはまったく的外れではありませんが，心理学は学べば学ぶほど，相手の心を理解することがいかに難しいかということに気づかされる学問でもあります。やはりここでも，一般の方が考えるポピュラー心理学と，学問としての心理学のギャップがあるように思います。

3. 疑似科学的心理学に対する専門家の危惧

次に，図0-1をご覧ください。このデータも先ほどと同じ『心理学って何だろうか？』という書籍で示されているデータです。

図0-1は，ポピュラー心理学などの科学的とは言い難い疑似科学的心理学について，434人の心理学の専門家の回答を得たデータです。

まず1つめの質問である「疑似科学的心理学は問題視するほどのものではない」という内容について「あてはまらない」「ややあてはまらない」と答えた方が，合計70%います。つまり，「疑似科学的心理学は問題である」と考えている専門家の方が約70%いることになります。

そして2つめの質問「疑似科学的心理学によって心理学という学問に対する一般市民からの信頼性が損なわれている」ということについて「あてはまる」「ややあてはまる」と答えた方が合計67%います。つまり，多くの専門家が，疑似科学的心理学によって，心理学が信用を失う可能性があると考えています。

問：疑似科学的心理学は問題視するほどのものではない

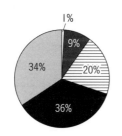

問：疑似科学的心理学によって心理学という学問に対する一般市民からの信頼性が損なわれている

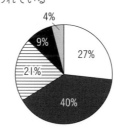

問：疑似科学的な心理学によって誤った心理学実践（教育，テスト，療法など）が実践されることを危惧している

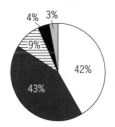

□ あてはまる　■ ややあてはまる　▤ どちらともいえない　■ ややあてはまらない　▨ あてはまらない

図 0-1　心理専門家による疑似科学的心理学に関する評価（434人）（楠見，2018）

最後に３つめの質問「疑似科学的な心理学によって誤った心理学実践が実施されることを危惧してる」という専門家が合計85％に達しています。つまり疑似科学的心理学，ポピュラー心理学など，一般の人々の考える心理学が，本当にこのまま台頭していてよいのだろうかという危惧[01]を抱いている専門家が多くいることがわかります。

4. 心理学の定義

このような現状に対して私たちはどうすればよいのでしょうか。心理学を専門とする私たちは，やはり心理学の専門家として「学問としての心理学」をきちんと定義づけていく必要があります。いくらポピュラー心理学や疑似科学的心理学に対する危惧があるとはいえ，「学問としての心理学」を明確に定義づけていかないと，結局ポピュラー心理学，疑似科学的心理学と何ら区別できなくなってしまうからです。

では「学問としての心理学」とは何でしょうか。

ここで，心理学の参考書として非常によく使われる，東京大学出版会の『心理学』（鹿取・杉本・鳥居，2015）における心理学の定義を見てみましょう。すると「心理学とは，こころについての**科学的研究**を目指す学問である」と述べられています。また，公認心理師に関する唯一と呼んでいい公式テキスト『現任者講習会テキスト』（日本心理研修センター，2019）においては，「心理学は心の仕組みや働きを科学的に研究する学問であり，事実やデータに基づいて理論を構築していく実証的方法をとる」と述べられています。

両方の定義に共通するキーワードとして，「科学」があげられます。つまり大事なことは，心理学が科学であるということです。心理学の理論は，個人の主観や経験に基づくものではなく，事実やデータに基づいて理論を構築していく心の科学であるということです。この心理学の「科学性」が，ポピュラー心理学や疑似科学的心理学との大きな差異であり，心理学の理論の強固な土台となる部分です。なお，心理学の「科学性」については，後ほど心理学の歴史を振り返りながらもう少し詳しく紹介したいと思います。

5. 心理学が扱う内容

次に，心理学がどのような内容を扱うのかを見ていきましょう。

先ほどの『心理学って何だろうか？』に紹介されている，一般市民が考える心理学のトピックを紹介したいと思います（楠見，2018）。

・ストレス，自殺，心の病気の原因や防止，対処法に関する情報（65％）
・学校，家庭や職場などの集団における人間関係と，その改善のための情報（64％）
・人と接する場面やプレゼンテーション，

 講義メモ

01 疑似科学的心理学に基づく実践に対する危惧　科学的ではない実践が，どのような問題をもたらすかについては，PART3「エビデンス・ベイスト・プラクティスの基本を学ぶ」で詳しく紹介されている。ぜひそちらもご参照いただきたい。

営業などでうまく対応する方法（63%）
・他者が隠している気持ちを表情や動作で
　見破る方法（62%）
　（上記の%は，心理学の複数のトピックに
　ついて「もっと知りたい」「どちらかとい
　うと知りたい」と答えた人の合計比率）

　この内容を概観すると「ストレスや心の
問題」といった臨床心理学的な内容や，「人
間関係をうまくする方法」「人に何かをうま
く伝える方法」といった，問題解決に直接
役立つ内容に焦点化されている印象があり
ます。ただ，心理学の扱う内容は臨床心理
学だけではなく，また，問題解決に直接役
立つ内容ばかりでもありません。

　実は私は大学進学のときに，臨床心理学
を学ぼうと思って進学したわけではありま
せんでした。高校生時代，文系に進むか理
系に進むかを悩んでいたときに，家の電気
をぼんやり眺めていたんですね。そのとき
に「電気がつく仕組みよりも，人の心の仕
組みが知りたいなあ」という漠然とした思
いを抱いて，心理学を専攻できる学科に進
学することに決めたんです。そしていざ大
学に入ってみたら，臨床心理士志望の人が
びっくりするぐらい多くて，動揺したこと
を覚えています。場違いな場所に来てしまっ
たのでは，ということも考えました。でも，
実際に大学で心理学を学んでいくうちに，
「人間は，どうやってものを見ているのか」
「どのように感じているのか」といった心の
仕組みに関する内容が扱われていて「やっ
ぱり臨床心理学ばかりじゃなかったんだ」

と安心したことを覚えています[02]。最終的
には私も，心の問題や臨床心理学と呼ばれ
る分野にも踏み込んでいくことになってし
まうのですけれども。ということで若干話
がそれましたが，心理学が扱うトピックは，
決して心の問題や他者との関係性といった
内容だけではありません。

　では心理学がどのような内容を扱うのか，
国家資格・公認心理師を目指す人が学ぶべ
き内容から逆算して考えてみたいと思いま
す。そこで，公認心理師の試験設計表であ
る通称「ブループリント」[03]を概観してみ
ましょう。

　まずは，前半です（表0-1）。

表 0-1　公認心理師・ブループリント①

到達目標（目安）	出題割合
①公認心理師としての職責の自覚	約9%
②問題解決能力と生涯学習	
③多職種連携・地域連携	
④心理学・臨床心理学の全体像	約3%
⑤心理学における研究	約2%
⑥心理学に関する実験	約2%
⑦知識及び認知	約2%
⑧学習及び言語	約2%
⑨感情及び人格	約2%
⑩脳・神経の働き	約2%
⑪社会及び集団に関する心理学	約2%
⑫発達	約5%

　概観してみると，心理学の全体像や，研究・
実験，知覚や認知，学習や言語，感情や人格，
あと脳の働き，社会，発達など，人の心の
仕組みに関するさまざまな側面が扱われて

宮川　純（河合塾KALS講師）

02 心理学に対する動揺　振り返って考えてみれば，逆に臨床心理士志望の人のほうが，知覚や認知，実験や統計などについ
て「なぜこんなことを学ばなければならないんだ」と，心理学に対する動揺が大きかったように思う。これも「ポピュラー心
理学」と「学問としての心理学」のギャップなのかもしれない。
03 ブループリント　日本心理研修センターより発表される，公認心理師試験の出題基準のこと。24の大項目が設定され，大
項目ごとに，公認心理師試験での出題割合が記載されている。なお，公認心理師試験では，ほぼブループリントの出題割合に
近い割合で問題が出されている。

います。

　次にブルーフリントの後半を見てみましょう（表0-2）。

表 0-2　公認心理師・ブループリント②

到達目標（目安）	出題割合
⑬障害者（児）の心理学	約3%
⑭心理状態の観察及び結果の分析	約8%
⑮心理に関する支援（相談，助言，指導その他の援助）	約6%
⑯健康・医療に関する心理学	約9%
⑰福祉に関する心理学	約9%
⑱教育に関する心理学	約9%
⑲司法・犯罪に関する心理学	約5%
⑳産業・組織に関する心理学	約5%
㉑人体の構造と機能及び疾病	約4%
㉒精神疾患とその治療	約5%
㉓公認心理師に関係する制度	約6%
㉔その他（心の健康教育に関する事項等）	約2%

　こちらは，障害者の心理学，心理状態の分析など，一般の方が考える心理学のトピックに，近づいているように思います。また「公認心理師に関係する制度」という大項目もあります。これは，国家資格として心理支援を行なうにあたり，法律や制度に関する最低限の知識が必要とされることから，近年注目を集めている領域の一つです。

　公認心理師試験のブループリントからは，心理専門職として幅広い知識が求められていることがわかります。このことは公認心理師が，特定の分野に特化するのではなく，幅広くさまざまな視点で「心」を眺めることのできる心理専門職を目指していることの表れと言えるでしょう。

　そこでこの講義では，「研究」という視点から心を眺めるとはどのようなことか，「知覚」という視点から心を眺めるとは，「学習」という視点から心を眺めるとは……という

ように，さまざまな視点からの心の眺め方をご紹介したいと思っています。

6.　講義の対象・目的

　本講座の対象は次のとおりです。

・これから，国家資格「公認心理師」の取得を目指す人
　▶ 心理学部に在籍している人
　▶ 心理系大学院に在籍している人
　▶ 心理に関する業務にかかわっている人（現任者）
・すでに公認心理師の資格を取得しつつも，心理学の学び直しを考えている人

　もちろんこれから国家資格・公認心理師の取得を目指す方にも見ていただきたいのですが，すでに公認心理師の資格は取ったけれども，改めて「心理学とは何だろうか」という疑問をもった方や，心理学の全体像について学び直したいと考えている方も対象として考えています。これらの方を対象に，心理学の全体像や「心理学とは何なのか」ということを改めて問い直していく，そんな講義にしたいと思っています。

　講義の流れは，次のとおりです。

1.　心理学史にみる心理学の再考
2.　心理学各分野の概要①
3.　心理学各分野の概要②
4.　心理学各分野の概要③
5.　心理学とは，結局何なのか

　まず心理学の歴史を追いながら「心理学とは何か」ということについて再考していきます。次に，心理学の各分野を3つのパートに分けてご紹介します。そして最後のパー

トでは，「心理学とは，結局何なのか」という内容を改めて整理してお伝えしたいと思います。

　私ごときが「心理学とは何なのか」というテーマについて語るというのは，身の丈に合わない大きすぎるテーマを掲げてし

まったのではないかという懸念もありますが，心理学のさまざまな側面に触れていきながら「心理学って結局何なんだろう？」ということを改めて考えるきっかけを，この講義で提供できればと思っています。

心理学の誕生～現代の心理学

 心理学と哲学

　ではここからは，心理学史を振り返りながら「心理学とは何か」改めて考えていきたいと思います。まずは，心理学と哲学の違いについて考えてみましょう。

> **ポイント1　心理学と哲学**
>
> ・エビングハウスの言葉「過去は長いが，歴史は短い」
> ・古代ギリシア時代から続く哲学的な問い
> 　▶ 人間とは何か？　心とは何か？
> 　▶ アリストテレス（紀元前）「我々の性格は，我々の行動の結果なり」
> 　▶ デカルト（17世紀）「我思う故に我あり」
> ・哲学の理論は，経験や観察に基づく主観的なもの。論理的ではあるが，実証的ではない

 講義メモ

01 エビングハウス（Ebbinghaus, H.：1850-1909）　ドイツの心理学者。1時間後には記憶の約半分が失われ，1日後には記憶の約8割が失われるという忘却曲線を表したことで知られる。記憶研究の先駆者である。

　記憶の研究者で知られる**エビングハウス**[01]は「心理学の過去は長いが歴史は短い」という言葉を残しています。心理学の過去はずいぶん長いけれども，歴史としてはとても短い。この言葉は何を意味しているのか，もう少し詳しく見ていきましょう。

　紀元前の古代ギリシャ時代から「人間とは何か」「心とは何か」という問いかけがずっと行なわれてきました。その問いに対する答えを出していたのは，主に**哲学者**たちでした。たとえば，有名な哲学者であるアリストテレスは，「我々の性格は，我々の行動の結果なり」ということを述べています。このとらえ方は意外と行動主義のようで，心理学に近いとらえ方ではありますけども，それでも哲学的な文脈で見いだされた考え方です。また，17世紀にデカルトの残した「我思う故に我あり」という言葉も有名です。このようにさまざまな哲学者たちがその考えをもって，人間の「心」とは何かを，問い続けてきたわけです。

　しかしその哲学者たちの理論は，哲学者個人の経験に基づくものであったり，哲学者個人の観察に基づくものであったりなど，いわば主観的な理論でした。論理的に組み立てられた理論ではありますが，本当にその理論が正しいか，誰が見てもその考えが正しいと言えるのかという面で，実証的とは言い難かったのです。

2　精神物理学（心理物理学）の登場

　一方で，心理学が誕生する以前に，心に関する科学的で実証的な理論の構築を目指した学問として，19世紀に誕生した**精神物理学**があります。精神物理学は，**心理物理学**と呼ばれることもあります。ここでは精神物理学の理論について概観していきましょう。

> **ポイント2**　　**精神物理学（心理物理学）の登場**
>
> ・19世紀，弁別閾：ウェーバーの法則
>   ▶ 例：100gに対して105gならば重さの違いを知覚できる場合，200gに対しては210gならば重さの違いを知覚できる
> ・フェヒナー（Fechner, G.T.）：人の精神世界と物質的世界の関係性を定式化することを目指し「精神物理学（心理物理学）」を提唱
>   ▶ 感覚量（R）と刺激量（S）の関係を，$R = k \log S$ と表現

　19世紀，**ウェーバー** [02] が**ウェーバーの法則**という法則を提唱しています。このウェーバーの法則は，**弁別閾** [03] に関する理論です。たとえば100gを基準とした場合，105g以上ならば重さの違いを知覚できるとしましょう。対して105gを下回ってしまうと，基準刺激である100gと区別がつかなくなってしまうとします。この場合，5gが弁別閾です。なお，「閾」という言葉は，限界という意味や境界線という意味で用いられる言葉です。よって，100gに対して105g以上ならば弁別できる場合，弁別できる限界値という意味で5gが弁別閾となります。

　今回の例のように5gが弁別閾と判明した場合，その人はどのような場面でも5gの違いを弁別できるのでしょうか。実は，基準刺激が2倍の200gになると，弁別するためには205gではなく210g必要と言われています。つまり，5gでは弁別できず，10gの違いが必要です。このように，基準刺激の強さが2倍になると，弁別閾も2倍になります。これがウェーバーの法則 [04] です。たとえば，基準の刺激が10倍になったならば，弁別

講義メモ

02 ウェーバー（Weber, E. H.：1795-1878）　ドイツの牛理学者。弁別閾に関する研究を重ね，後のフェヒナーの精神物理学に基礎を提供した。

03 弁別閾　2つの刺激を区別できる最小の刺激強度差のこと。精神物理学で主に扱われたテーマである。

04 ウェーバーの法則　正式には，（弁別閾／基準刺激）の値をウェーバー比と呼び，ウェーバー比が常に一定であることが，ウェーバーの法則である。
　本文中の例ならば，以下のとおりとなる。
　5g/100g = 1/20
　10g/200g = 1/20
→ウェーバー比は1/20で常に一定。

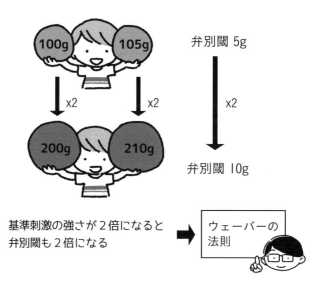

基準刺激の強さが2倍になると
弁別閾も2倍になる　→　ウェーバーの法則

閾も10倍になります。つまり，1,000gに対しては50gの違いが必要，10,000gだったら500gの違いが必要です。

　ウェーバーの法則は，弱い刺激に対しては細かく弁別できるけれども，強い刺激になればなるほど，大きな差がないと弁別できないことを表しています。

　またこのことは，人間が機械のような感覚処理をしていないことを示しています。もし「5gの違いがわかる機械」だったら，どんなときでも5gの違いを正確に弁別してくれることでしょう。しかし，人間は基準刺激が弱いときならば5gの違いがわかっても，基準刺激が強くなると5gでは違いがわからなくなってしまいます。人間だからこそ，刺激に対して敏感だったり鈍感だったりすることが現れるのです。

　この考えを数式化した人物が，**フェヒナー**[05]です。フェヒナーは，ウェー

講義メモ

05 フェヒナー（Fechner, G. T. 1801-87）　ドイツの物理学者，哲学者，心理学者。ウェーバーの研究を出発点として，精神的な面と身体的な面を結びつける理論の構築のために精神物理学を創始した。極限法・恒常法・調整法などの精神物理学的測定法を確立したことでも知られている。

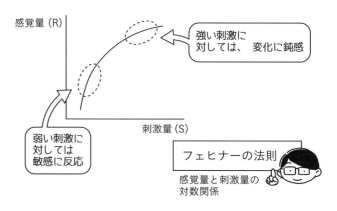

図1-1　フェヒナーの法則

バーの考えをもとに，人間の精神世界と物質的世界の関係性を定式化することを目指し，精神物理学を創始しました。そして，人間が精神世界で感じる感覚量（R）と物質的世界で存在する刺激量（S）の関係を，$R = k\log S$（kは定数）という式で表し，**フェヒナーの法則**と呼びました。この式によると，感覚量と刺激量の関係は，図 1-1 のような対数のグラフになります。先ほど紹介した「弱い刺激に対しては敏感で，強い刺激に対しては鈍感になる」ということをより明確に表したものになります。

　実はこのことは，弁別閾に限った話ではありません。「今日はこの野菜が 5 円安い，こちらは 10 円安いね」など，安い物に対しては 5 円や 10 円の違いに敏感に反応しますが，車や家を買うときに「きょうは車が 5 円安いね」とか「家が 10 円安くなったね」と言われても，全然ピンとこないと思います。5 万円，10 万円といった値段の変化がないと反応できないのではないでしょうか。このように，フェヒナーの法則には，安価なものや細かいものに対しては細かく反応しますが，高価なものや刺激が大きなものには大ざっぱに反応してしまうという，人間の特徴が表れているのです。

3　心理学の誕生

　では，いよいよ心理学の誕生について紹介します。

> **ポイント3　心理学の誕生**
>
> ・精神物理学を学んだ**ヴント**（Wundt, W.）
> ・1879 年，ドイツのライプチヒ大学に，世界初の「心理学実験室」を設立したことから，1879 年を心理学の誕生とみなすことが多い
> 　▶ 公的にヴントの実験室が「心理学実験室」として認められ，設立した年は 1883 年である
> ・ヴントの心理学実験室には，世界各地から多くの研究者が訪れた（日本からは，松本亦太郎など）

　精神物理学を学んだ**ヴント** [06] が，今から約 140 年ほど前の 1879 年に，ドイツのライプチヒ大学に世界初の心理学実験室を設立しました。世界で初めて，「心理学」という看板を掲げた実験室が作られたわけです。このことから，1879 年を心理学の誕生とみなすことが一般的です。一応，公的にヴントの実験室が心理学実験室として認められた年が 1883 年と言われていますので，心理学の誕生を 1883 年とみなす説もあります。とりあ

講義メモ

06 ヴント（Wundt, W.：1832-1920）　ドイツの心理学者であり心理学の創始者。心理学を哲学から分離し，科学として自立させることを目指した。晩年は民族心理学に没頭したと言われている。

えず，今回の講義は心理学の誕生を 1879 年として話を進めていきます。

1879 年にヴントが掲げた「心理学」という看板は，多くの研究者たちの興味を集め，世界各地からたくさんの研究者がヴントの実験室を訪れたと言われています。日本からは**松本亦太郎**[07]がヴントのもとで学び，日本にヴントの心理学を伝えたと言われています。また，後に臨床心理学の祖とされる**ウィトマー**[08]も，ヴントの心理学実験室で学んだと言われています。多くの研究者がヴントのもとで学び，心理学を世に広めていくことになるわけです。

ここで，先ほどのエビングハウスの話を思い出してください。「心理学の過去は長いが歴史は短い」，つまり人の心について，遡れば紀元前から，哲学者たちを中心に探求は行なわれてきましたけれども，心理学という学問が誕生し，それが世界中に広まっていったのは，今から 140 年ほど前の話です。心理学の学問としての歴史はまだまだ短く，発展途上の学問なのです。

4　ヴントの要素主義心理学

ヴントの心理学実験室では，どのような内容が扱われていたのでしょうか。ここからは，ヴントの心理学についてご紹介しましょう。

> **ポイント4　ヴントの心理学：要素主義（1）**
> ・ヴントは，意識を**純粋感覚**と**単純感情**に分解し，その結合の法則を見いだすことを目指した

ヴントの心理学は，**要素主義**と呼ばれています。ヴントは人間の「意識」の成り立ちを理解することを目指しました。そこで意識を，**純粋感覚**[09]と**単純感情**[10]に分解したうえで，純粋感覚と単純感情の結合法則を見い

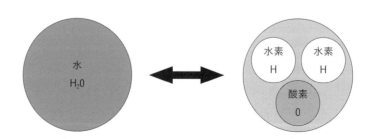

図1-2　水と水素と酸素の関係

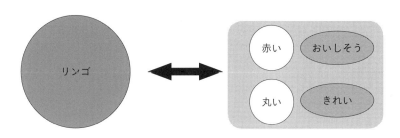

図1-3　リンゴとその要素の関係

だすことを目指したのです。

　　ただ，純粋感覚と単純感情の分解と結合と言われても理解しづらいと思いますので，原子と分子の仕組みを例にしてご紹介します。水は，水素と水素と酸素に分解することができます。そして，水素と水素と酸素を結合させることで，再び水を作り出すことができます（図1-2）。

　　ヴントは，このような原子と分子の仕組みを，人間の意識でも適用できると考えました。たとえばリンゴは，赤い，丸い，おいしそう，きれいなどの要素に分解することができる。そして，赤い，丸い，おいしそう，きれい，といった要素が結合することによって，リンゴを意識することができる，といった具合です（図1-3）。

　　ちなみに，赤くて丸くて，おいしそうできれいなものは，リンゴ以外にもトマトなど他にもいろいろとあげられるのではないか，と考えた方はなかなか鋭い方です。そのような論点が，やがてヴントの要素主義が否定されていく一つの原因にはなりますが，一旦その話は後に回します。

　　原子の結合で分子が生まれ，そこに結合の法則性があるように，ヴントは，純粋感覚と単純感情の結合で人間の「意識」が生まれ，そこには結合の法則性があると考え，それを証明しようとしました。

ポイント5　ヴントの心理学：要素主義（2）

・意識に関するデータを得るために，ヴントは**内観法**という手法を取った
　　▶ 内観法とは，被験者が自らの意識状態を観察し，報告すること
・ヴントは，内観法によるデータ収集によって，**哲学からの脱却**を強調した
　　▶ 統制された条件下で，多くの被験者から共通した報告が得られれば，それは客観的なデータとなると考えられるためである
・このように「客観性」を重視する「心の科学」として心理学は誕生した

講義メモ

11 被験者 近年は「被験者」という表記を避け、「研究協力者」「研究対象者」「実験参加者」といった表記が好まれる傾向がある。

「被験者」の英語表記である subject に、「実験者よりも地位が低い者」というニュアンスがあるため、と考えられている。

ヴントが意識に関するデータを取るためにとった手法が、**内観法**という方法です。内観法とは、被験者[11]が自らの意識状態を観察し報告する手法です。たとえば、ある被験者の前にリンゴを置いて、自分の中にどんな感覚が生じてるか、どんな感情が生じてるかを報告してもらいます。「丸いものがある」とか「赤いものがある」とか「おいしそうだ」とか、「きれいだ」など、被験者自身の意識に生じた内容を内省・観察し、報告してもらうのです。

ヴントは、内観法によって客観性を確保できると考えました。たとえばリンゴを見せられたときに、自分で「赤い」と述べても、「赤いと思っているのはあなただけで、実際には赤くないかもしれないよ」と言われてしまうかもしれません。つまり「あなたの主観ではないのか」と言われてしまう可能性があるのです。そこで、内観法を用いて第三者の報告を求めます。多くの方が「赤い」と報告したならば、その報告は主観的ではないと判断されます。つまり、統制された条件下で多くの被験者から共通した報告が得られれば、それは客観的なデータになる[12]と、ヴントは考えたのです。

講義メモ

12 共通する報告による客観性の確保 ヴントの時代は、共通する報告が得られることが、客観性の確保につながると考えられていた。だが、現代では、この考え方で客観性が確保されるとは考えられていない。

たとえば、戦時中の日本において、多くの国民が戦争について「国益になる」と述べたであろうが、この共通する報告が客観的であるか、と尋ねられたら、必ずしもそうとは言えないであろう。

この内観法による客観的なデータの収集によって、ヴントは「**哲学からの脱却**」を強調しました。つまり、個人の経験や観察に基づく主観的な理論の構築である哲学に対し、内観法によって客観性のあるデータを集め、そのデータに基づき理論を構築することによって、心理学は科学として成り立つと考えたわけです。

つまり、心理学のルーツをたどっていくと、「**客観性を重視する、心の科学である**」ということが、心理学のアイデンティティを構成する大きな要素であることがわかります。心理学において客観性を重視することは、本当に大事な要素です。個人の主観であったり、個人の人生観や思い込みで理論を語るのではなく、客観的なデータを集め、それに基づいて理論や考えを構築していくことが、心理学が哲学と明確に区別される点なのです。

5 心理学の3大潮流から、現代の心理学へ

ヴント以降の心理学は、心理学の3大潮流と言われる、3つの学派が中心となって発展していきます。

> ### ポイント6　ヴント以降の心理学の3大潮流
>
> ・ワトソン（Watson, J. B.）：行動主義
> 　▶ 観察可能な行動のみを研究対象とすることを強調
> ・ウェルトハイマー（Wertheimer, M.）：ゲシュタルト心理学
> 　▶ 要素に還元できない，全体性の持つ情報に注目
> ・フロイト（Freud, S.）：精神分析学
> 　▶ 意識することができない無意識の領域に注目

　まず，内観法から得られたデータは，本当に客観的なデータと言えるのか，という疑問から，**ワトソン**[13]が**行動主義**を立ち上げます。行動主義では，内観法によって得られたデータすらも客観的とは言わず，観察可能な行動こそが客観的なデータとなりうると考え，その分析を行ないました。

　次に，**ウェルトハイマー**[14]らの**ゲシュタルト心理学**です。先ほどリンゴは，赤くて丸くておいしそうできれいである，それら要素の集合体がリンゴであるという例をあげました。しかし，はたして本当に，要素の集合体がリンゴとなるでしょうか。トマトやもっと違うものもあるのではないでしょうか。このようにウェルトハイマーは，全体のもつ情報を，要素に分解することはできず，要素の結合で全体にすることもできないと考えました。そして，全体性がもつ独自の情報を**ゲシュタルト**と呼び，その特徴に注目した学派がゲシュタルト心理学です。

　あとは，**精神分析学**です。ヴントは意識に注目していましたが，**フロイト**[15]は**無意識**という存在を仮定し，さまざまな理論を構築していきました。このように，さまざまなかたちで心理学は発展していくことになります。

　では，現代の心理学はどうなっているのでしょうか。現代の心理学は，さまざまな領域に分かれて，深化と発展を遂げています（図1-4）。

　たとえば，知覚心理学，認知心理学，学習心理学，発達心理学，社会心理学……それ以外にもさまざまな心理学の分野があります。それぞれの領域が深化してさまざまな理論が生み出され，そして改善されて，発展を遂げています。

　そして現代では，1つの分野に特化していくだけでなく，いろいろな分野を幅広く理解していくことによって，他分野・他領域を横断し協働することが求められる時代になってきています。また，いずれの分野も心理学としてのアイデンティティである「科学としての学問」であるということ，つまり「客観的なデータをもって理論を構築していく」という点では共通しています。

講義メモ

13 ワトソン（Watson, J. B.：1878-1958）　アメリカの心理学者。意識を研究対象とせず，客観的に観察可能な行動のみを研究対象とすべきという，行動主義で知られる。また，生得的な才能や個人差よりも，環境の影響を重視する，極端な環境主義を貫いたことでも知られている。

14 ウェルトハイマー（Wertheimer, M.：1880-1943）　ドイツの心理学者。ゲシュタルト心理学の創始者として知られる。ゲシュタルト心理学の原点と言える，2つの光点の交互の点滅が連続的な運動に見えるという仮現運動の理論は，ウィーンからラインランドへの旅行中の列車の中で手がかりを見つけた，というエピソードが有名である。

15 フロイト（Freud, S.：1856-1939）　オーストリアに生まれるが各地を転々とし，晩年はイギリスに亡命したと言われている。無意識に関する理論で世界的に知られているが，その理論は心理学の中でも独自の立ち位置をもっている。

次章からは，心理学のそれぞれの領域について概説していきます。

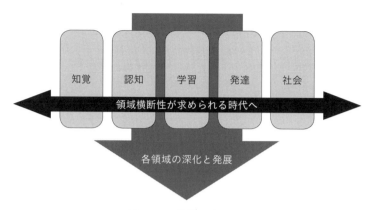

図1-4　現代の心理学

　　まとめ

・人間の「心」の探求は，主に哲学によって行なわれてきたが，その理論は個人の経験や観察に基づく主観的なものであり，実証性に欠けていた。
・心理学は，客観性をもったデータを集め，そのデータに基づき理論を構築する「心の科学」として誕生した。
・現代の心理学は，さまざまな領域に分かれて，深化・発展を遂げている。その中で，特定の領域に特化していくのではなく，領域横断的な理解が求められるようになってきている。

心理学の各分野の概要1：
研究・統計，知覚，認知

 研究・統計

では本章からは，心理学の各分野の概要を紹介していきたいと思います。まず，研究と統計です。

ポイント1　研究・統計

・心理学は，人の心を科学的に描写する
・現代の心理学では，さまざまな研究法と統計的手法によって，その客観性が確保されている

前章でもお伝えしたとおり，心理学が人の心を科学として描写する以上，どのように科学的に描写するのか，どうやって客観性を成り立たせるのか，ということが重要になります。そのためにさまざまな研究方法に関する知識や，客観性を確保するための統計的手法に関する理解が重要になります。

統計処理のために「数字」を使うことについて，「人の心を数字に表すことに抵抗がある」あるいは「人の心を数字で表してしまうと，人の心の大事な側面が失われてしまう」という意見があるかもしれません。確かにそのような側面は存在し，数字だけですべてを理解したような気になってしまうのは，傲慢な姿勢でしょう。

とはいえ，たとえば「普通」という言葉を一つとっても，人によって「普通の程度」は違います。身長の高さについて「普通の身長」と言われても，「普通」がどの程度かわからず，困ってしまうのではないでしょうか。このとき「身長165㎝」と数量化すれば，他者と認識を共有することができます。まさにこれが客観性です。もちろん，数量化すればそれで完全に客観性が担保されるというのは暴力的な考え[01]ですが，それでも，数量化することによって客観性を確保しやすくなることは間違いないでしょう。前章でお伝えしてきたように，心理学は客観性を確保することによって，哲学とは異なる独自の立ち位置を確立しようとしてきました。ですから，心理学を学ぶにあたっては，客観性を確保するための研究と統計手法について，

 講義メモ

01 数の客観性に対する疑問と学ぶ理由　同じ1という数字でも，1位の「1」と，1本の「1」では，意味が異なる。前者は順番に並べたときの「位置」を意味していることに対し，後者は本数という「量」を意味している。

また，缶のお茶の1本とペットボトルの1本の量が異なるように，同じ「1本」でも，文脈や用いられ方によって意味が異なる。

数は客観性の確保に近づくことのできる有用な道具ではある。だが，どのような数をどのように操作し，どのような解釈をしたかによって，その意味はまったく異なってしまう。以上のような意味においても，心理学を学ぶ者は，数の取り扱いに関する統計的な知識を得ておく必要があると言える。

理解する必要があるのです。

　客観性の確保について，新しく開発された心理学的介入に本当に効果があるのかを検証する実験を例に，詳しく紹介したいと思います。まず，図2-1をご覧ください。不安尺度[02]で不安得点を測定したときに，新しい介入法を行なう前は平均値が20で，介入後の平均値が15に変化したとします。

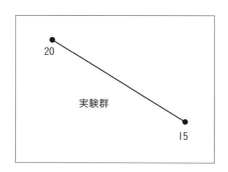

図2-1　実験群のみの比較

　この結果をもとに，「新しい介入法の効果はあった」と言いたくなるところですが，この結果だけでは新しい介入法の効果があったとは言えません。なぜならば，わざわざ新しい介入法を行なわなくても，従来の介入法でも平均値が20から15になっていた可能性があるからです。

　そこで，**実験群と対照群**[03]という2つの群を用意する必要があります。今回の例で言えば，実験群は新しい介入法を行なう者たち，対照群は従来の介入法を行なう者たちが該当します。なお対照群は，介入法の違い以外は**統制**[04]されていることが求められます。そして，図2-2のように得点が変化した場合，新しい介入法の効果があったと言えそうです。

講義メモ

03 実験群と対照群　実験において原因に相当する成分を独立変数，結果に相当する成分を従属変数と言う。この例では，新しい介入法であるか否かが独立変数，不安得点がどう変化するかが従属変数である。

　そして，効果を見たい独立変数が設定された群を実験群，独立変数以外はすべて実験群と変わらない状態にある群を対照群と言う。この例では，新しい介入法の効果を見たいため，新しい介入法を行なう群が実験群，従来の介入法を行なう群が対照群に相当する。

04 統制　独立変数以外は，実験群と対照群の違いがない状態になっていること。たとえばこの実験において，実験群のほうが対照群よりも男性が多いという状態で実施した場合，実験群の得点の変化が，新しい介入法によるものなのか，男性が多いことによるものなのか，区別がつかなくなってしまう（交絡）。よって，独立変数以外の要因は，可能な限り統制されていることが，実験では求められる。

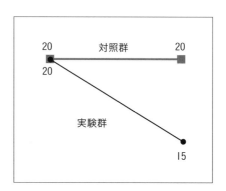

図2-2　実験群と対照群の比較

　この後には，統計的手続きによる有意差の検定が必要です。つまり，図2-2の20点と15点は，誤差によるものではなく，本当に意味のある差（**有**

意差）なのかどうかを，統計的に判断[05]します。見た目で得点が下がったと考えるのではなく，統計的な判断を行なうことで，客観性が確保されるのです。

　このように心理学では，研究法と統計的手法によって客観性のある理論を構築していくことを目指します。今回は臨床心理学的な効果研究を軸にご紹介しましたが，心理学ではさまざまな研究や実験が行なわれています。ぜひいろいろな研究や実験に目をとおして，心理学を支える研究や統計に関する知識や理解を深めていただければと思います。

講義メモ

05 有意差の検定　今回の例の場合，20点と15点という得点差が，誤差で生じる確率が何％かを求める。仮に誤差である確率が1％だった場合，誤差ではない確率（＝有意差である確率）が99％であることを意味する。このように，統計的検定では「確からしさ」を確認している。

　なお，近年は上記のような有意水準のみに基づく判断に対する疑問も提唱されるようになっている。代表的なものに，2016年アメリカ統計学会が発表した「科学的な結論や決定は有意水準のみに基づくべきではない」という声明があげられる。

2　知覚

　続いて，知覚の心理学について紹介したいと思います。

　初学者の方から「知覚は，本当に心理学なのか」という質問を多く受けます。確かに一見，心理学とは思えない内容かもしれません。しかし，知覚も間違いなく心理学の一分野です。では，人間の「知覚」とは何か，それが「心」とどのように関係しているのか，確認していきましょう。

ポイント2　知覚

・知覚心理学とは，感覚情報により外界の事物や出来事，自分の身体の状態などを把握する機能に関する心理学の領域
・私たちは，感覚情報をそのまま知覚しているわけではない
　▶ カクテルパーティ効果・選択的知覚
・知覚は心理作用の結果生じるものである。同じ刺激を受けても，人によって「何を見たか」が異なるのは，知覚が各々の心理作用の結果生じたものだからである

　知覚とは「感覚情報により外界の事物や出来事，自分の身体の状態などを把握する機能」と定義づけられます。この定義の内容を，もう少し紐解いていきましょう。

　たとえば，私たちは網膜に映った映像をそのまま見ている，鼓膜に響いた音をそのまま聞いているわけではありません。私たちの目は2つありますが，見ている映像は1つです。ものを見るときに，右目の映像，左目の映像……というように区別してはいないでしょう。

　では，私たちが見たり聞いたりしているものは何でしょうか。

　私たちは，2つの網膜の映像を，「心」の中で1つに重ね合わせて見ていると言われています。このような「心」の中でまとめられた外的事象の

イメージを，**表象**と言います。音についても，2つの鼓膜で響いた音を重ね合わせて表象を作り，その表象の音を聞いていると考えられています。つまり私たちは，感覚情報をそのまま知覚しているわけではなく，感覚情報を「心」の中で重ね合わせて作った表象を，見たり聞いたりしているのです。そして，表象をうまく形成できないと，幻覚や幻聴，つまり網膜に写っていないはずの映像や，鼓膜に響いていないはずの音を知覚してしまうことがあるのです。

人間が，感覚情報をそのまま知覚していない事実を表す理論に，**カクテルパーティー効果**や**選択的注意**があります。カクテルパーティー効果とは，たとえばとてもにぎやかなパーティー会場で，目の前にいる人と会話ができることです。会場ではいろいろな人がいろいろなところで話していて，いろいろな雑音が耳の中に入っていくるはずなのに，それをノイズキャンセルして，自分が聞きたい相手の声だけを選択的に聞き取ることができます。

このカクテルパーティ効果に限らず，私たちは，日常的に感覚情報から必要な情報だけを選んで表象を形成しています。このように，感覚器に与えられた膨大な情報のうち，自分にとって価値がある情報だけを選んで注目することを，選択的注意と言います。

つまり，私たちが見たり聞いたりしているものの正体は，心理作用の結果心に生じた「表象」だったのです。ですから，同じ刺激を受けたり同じ映像を見たりしても，人それぞれ，どのような表象が形成されたか，その結果「何を見たか」「何を聞いたか」は異なります[06]。

これらのことから，知覚は「心」の仕組みによって説明される，れっきとした心理学であるとわかります。

講義メモ

06 表象の知覚 幻覚や幻聴をうったえる者に対し，見えている映像や聞こえている音声が物理的現実に存在していないことを伝えても，あまり効果はない。確かに物理的現実には存在していないかもしれないが，彼らの表象には「確かに存在している」からである。

3 認知

続いての領域は，認知心理学という領域です。

ポイント3　認知

- 認知心理学は，記憶や言語・思考など，人間の高次な精神作用で行なわれる**情報処理過程全般**を扱う
- 私たちの適応的な活動には，記憶が大きくかかわっている。記憶があるから，自分の存在を自覚できる。記憶があるから，危険を回避できる
- 基礎理論となるのは，記憶が**短期記憶**と**長期記憶**の二段階からなるという**二重貯蔵モデル**（二貯蔵庫モデル）である

認知心理学[07]では，感覚・知覚よりもう一歩進んだ，人間の高次な精神作用で行なわれる情報処理過程を扱います。具体的には，記憶や言語や思考などが扱われます。

　ここでは認知心理学の中でも，特に記憶に注目してご紹介します。私たちの適応的な生活には，記憶の存在が大きく影響しています。たとえば，記憶があるから「私は宮川である」と自分自身の存在を確認することができます。今，心理学概論の講義をさせていただいていることについても，自分の記憶があるから「今の自分がどういう状況で，どのようなことをすべきなのか」が理解できています。

　また，記憶があるから危険な状況を回避することができます。私には娘と息子がおりますが，息子が1歳の頃，風船の上に座っていたことがありました。風船の上でバランスボールみたいに飛び跳ねて，心から楽しそうに笑顔でいるのですが，私は「いつ割れるんじゃないか」とドキドキヒヤヒヤです。私は「風船は割れる」という過去の記憶があるから，このような発想にいたるのでしょう。しかし息子は，風船が割れてしまった記憶や経験がないので，今，自分がいかに恐ろしい行動をとっているかということがわかっていません[08]。このように私たちは，過去の経験を記憶として残しているからこそ「これはまずい」「こういうことをしてはいけない」など危険を回避したり，「この場面では，こうしたほうがいい」と適応的な行動を選択できたりするのです。

過去の記憶を参照して形成される

　また「本能的にこれはまずい気がする」「なんか嫌な気がする」という予感に対しても，過去の記憶との関連が指摘されています。恐怖や不安を発生させる脳部位である**扁桃体**と，記憶をつかさどる脳部位である**海馬**は隣接しています。そのため，記憶を参照して恐怖が生まれて，それが「嫌な予感がする」という思考・認知につながると考えられています。

　さて，このような記憶の基礎理論となるものが，記憶の保管庫が**短期記**

講義メモ

07 認知心理学　特に1960年代頃から，観察可能性を重要視する行動主義に対して，人間の心的過程に再注目する流れが生じ，認知心理学が盛んになったと言われている。

講義メモ

08 風船と子ども　ちなみに風船は，割れる前に空気が先に全部抜けてしまいました。
　なお，2020年2月現在，息子は2歳になりましたが，まだ風船が割れてしまうという恐怖を現実として体験していません。

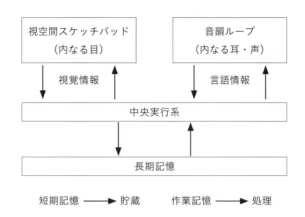

図 2-3　短期記憶と作業記憶（Baddeley, 1990 より作成）

講義メモ

09 二重貯蔵モデル　近年では，短期記憶・長期記憶のさらに前段階として，「感覚記憶」が想定されることが多い。感覚記憶とは，感覚器に与えられた刺激が，意味処理されずにごく短時間保持されている情報のことを指す。

憶，**長期記憶**という 2 種類から成り立っているという**二重貯蔵モデル** [09] です。また最近では，短期記憶を作業記憶（ワーキングメモリ）とみなす考え方が主流になってきています。短期記憶を，ただ一時的に記憶を保管しておくだけの貯蔵庫ではなく，何らかの認知処理をするための作業場所であるとみなす考え方です。

作業記憶は，図 2-3 のように**視空間スケッチパッド**と**音韻ループ**，そして**中央実行系**という 3 つのサブシステムで構成されています。

視空間スケッチパッドは「内なる目」と言われるように，視覚情報を一時的に保管しておく部分です。対して音韻ループは「内なる耳」と言われ

るように，言語情報を一時的に保管しておく部分です。たとえば「出かける前にゴミを捨てといてね」と言われたとき，とりあえずゴミ捨てが終わるまでは「出かける前にゴミを捨てといてね」という声をループさせておきます。また，捨てるべきゴミの映像やゴミ捨て場の映像などを，視空間スケッチパッドに一時的に思い浮かべておきます。そして，このような視覚情報と言語情報をミックスさせて中央実行系でまとめ上げます。この情報をまとめ上げる過程で，長期記憶が参照[10]されています。

そして実際に，ゴミ捨て場にゴミを捨てに行きます。ゴミを捨てたら，もう音韻ループから音声は消えますし，ゴミやゴミ捨て場の映像も，視空間スケッチパッドから消えます。作業が終わったら，これらの情報は速やかに消失するのです。これが，短期記憶が作業記憶として機能する一連のメカニズムです。

近年は，中央実行系で統合された情報を一時的に保管しておく**エピソードバッファ**というサブシステムも想定されています。このように，記憶に関する心理学は現在進行形で理論が発展しています。長期記憶も，宣言的記憶と手続き記憶，エピソード記憶と意味記憶など，細かく分類されており，それぞれの想起のしやすさなど，さまざまな研究がなされています。

今回は記憶に関する話を中心にお伝えしましたが，認知心理学は記憶に限らず，人間ならではのさまざまな精神作用を扱っています。特に近年では，脳機能画像や脳波測定などの神経科学の技術も活用しながら，人間のさまざまな認知様式をより深く理解する試みが行なわれており，今後の発展が期待されています。

講義メモ

10 長期記憶の参照　中央実行系で情報をまとめ上げるにあたり，視空間スケッチパッドの視覚情報，音韻ループの言語情報が何を意味するかを判断するために，長期記憶が参照されている。

まとめ

・研究と統計は，心理学に求められる客観性と科学性の確保のために用いられるため，心理学を学ぶ者は研究と統計を学ぶ必要がある。

・知覚の心理学は，人間の知覚が心理作用の結果生じるものであるため，同じ刺激を与えられても知覚される内容が異なるという前提をもつ。

・認知心理学は，記憶など人間の高次な精神作用で行なわれる情報処理過程を扱う分野で，近年は神経科学の技術も活用しながら発展が続いている。

3 心理学の各分野の概要2：
学習，言語・思考，感情，性格

1 学習

　では続いて，学習，言語・思考，感情，性格を紹介していきたいと思います。まずは学習の心理学です。

ポイント1　学習

・心理学における学習は，**新たな行動の獲得**全般を指す
・学校教育における教科内容の理解に限定されず，運動技能や礼儀作法，日常生活における動作など，経験によって獲得される行動すべてを含む
・基礎理論にレスポンデント条件づけ，オペラント条件づけ，**観察学習（モデリング）**があげられる

　学習の心理学と言われたときに，気をつけなければならないことがあります。それは，学習の心理学が，決して勉強の心理学とは限らないことです。学校教育における教科内容に限定されず，運動技法，礼儀作法など，ありとあらゆる行動や反応が学習の対象です。たとえば，物をうまく投げられるようになる，服が自分で着られるようになる，これも学習です。
　また，獲得される「新たな行動」には，いろいろな意味合いが含まれます。たとえば上司に嫌なことを言われて，会社に行けなくなってしまった。あるいは，ある食べものを食べてたら吐いてしまい，その食べものが食べられなくなってしまった，といったことも学習です[01]。つまり，ポジティブなものも，ネガティブなものも，特にポジティブでもネガティブでもないものも，あらゆるものを含めて，新たな行動を獲得することを，学習と言います。
　学習の心理学の基礎理論に，**レスポンデント条件づけ**，**オペラント条件づけ**，そして他者の観察と模倣によって成り立つ**モデリング**という理論があります。ここでは，レスポンデント条件づけとオペラント条件づけを簡単にご紹介したいと思います。

講義メモ
01 不適切な学習　行動療法という心理支援のアプローチでは，問題行動を不適切な学習によるものとみなし，学習理論を用いた消去や，適応的な行動の学習を目指している。

24

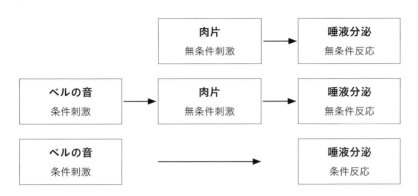

図 3-1　レスポンデント条件づけ

　まずレスポンデント条件づけです。レスポンデント条件づけの理解には，**無条件刺激・無条件反応・条件刺激・条件反応**という 4 つの用語の理解が重要となります。そこで，図 3-1 のパブロフの犬の実験を参照しながら，この 4 つの用語を確認していきましょう。

　餌を与えられた犬が餌に反応して唾液を出す，これは当たり前ですよね。餌に反応して唾液が出るのは，条件づけとは関係なく，無条件で成立しています。そこで餌と唾液は，無条件に成立する刺激と反応の関係ということで，それぞれ**無条件刺激**，**無条件反応**と言われます。

　パブロフの犬の実験では，ベルの音を鳴らしてから餌を与える，餌に反応して唾液が出る，という手続きを繰り返します。ベルの音→餌→唾液，ベルの音→餌→唾液と手続きが繰り返されるうちに，ベルの音に反応して唾液が出るようになります。このとき，ベルの音に対する唾液の分泌は，条件づけの結果成立した刺激と反応の関係ですから，ベルの音は**条件刺激**，ベルの音に反応して生じた唾液分泌は**条件反応**と呼ばれます[02]。

　今回のパブロフの犬の実験の例では，ベルの音を聴くだけで，唾液が出るという新しい行動（反応）を獲得したことになります。このように，ある刺激に応答（respondent）する行動の獲得をレスポンデント条件づけと言います。ベルの音を聴いただけで唾液が分泌されるなんて，通常は起こりえない話です。その起こりえない刺激と反応の連合が形成される（本来結びつくはずのない 2 つが結びつく）ことに，レスポンデント条件づけの面白さがあります。

　レスポンデント条件づけについては，**アルバート坊やの実験**というワトソンが行なった実験もあります。アルバート坊やという生まれて間もない子に，何回も大きな音を出して驚かせます。大きな音に対して怖いと思うのは，当たり前ですよね。ですから大きな音が無条件刺激，大きな音に対して恐怖を示す反応が無条件反応です。

　このときワトソンは，アルバート坊やに白いネズミを見せてから大きな

講義メモ

02 無条件反応と条件反応の違い　無条件反応と条件反応は，現象的には同じだが，誘発刺激が異なる。具体的にはパブロフの犬の例の場合，餌に誘発される唾液分泌が無条件刺激，ベルの音に誘発される唾液分泌が条件刺激である。

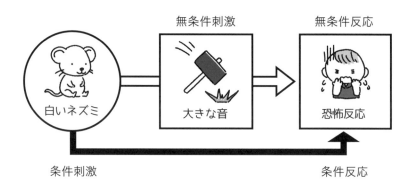

無条件刺激　　　　　無条件反応

白いネズミ　　　大きな音　　　恐怖反応

条件刺激　　　　　　　　　　条件反応

音を出すようにしました。白いネズミ→大きな音→怖い，白いネズミ→大きな音→怖い，という手続きを繰り返していくうちに，アルバート坊やは白いネズミ→怖いと，白いネズミを見せられただけで恐怖反応を示すようになります。このとき，白いネズミは条件刺激，白いネズミによって誘発された恐怖反応は条件反応となります。そして，アルバート坊やの実験においても，白いネズミと恐怖反応という，本来は結びつくはずのない2つの要素が結びついています。このようにレスポンデント条件づけは，不安や恐怖反応が形成されるメカニズムを説明しているとも言われています。

　たとえば，学校においてクラスメイトからいじめを受けていたとします。いじめにあうと，嫌な気持ちになるのは当然でしょう。このとき，登校する→いじめにあう→嫌な気持ちになる，登校する→いじめにあう→嫌な気持ちになる，ということが繰り返されたらどうなるでしょうか。登校する→嫌な気持ちになる，となってしまうのです。このように，問題が形成されるきっかけを，レスポンデント条件づけ理論で説明できることがあります。

　続いてオペラント条件づけです。オペラント条件づけは，行動の結果として報酬刺激や嫌悪刺激が随伴することにより，その行動の生起頻度が変化することを指します。たとえば，ある行動に対して報酬が与えられると，その行動をもっとやりたくなるでしょう。このことを，**正の強化**と言います。対して，ある行動に対して不快感が与えられると，その行動はやりたくなくなってしまうでしょう。このことを，**正の弱化**[03]と言います。ですからオペラント条件づけをとても大まかに説明すると，褒められたらもっと行なうようになり，叱られたら行なわなくなるという理論と言えます。

　他には，行動の結果，報酬がなくなってしまうことが続けば，もうその行動をやらなくなってしまうでしょう。このことを**負の弱化**と言います。また，行動の結果，不快感が除去されることがあれば，その行動をもっと行なうようになるでしょう。このことを**負の強化**と言います。このように，

講義メモ

03 弱化と罰　「弱化」は「罰」とも呼ばれる。ただ，近年は「罰」という表現よりも「弱化」という表現が使われることが多い。罰という言葉は「罰を与える」など，相手に戒めを与えるニュアンスが強いが，オペラント条件づけにおける「罰」は，戒めとは限らないためである。

表3-1　オペラント条件づけ

	与える（正）	除去する（負）
報酬刺激 （好子，強化子）	頻度↑ **正の強化**	頻度↓ **負の強化（罰）**
嫌悪刺激 （嫌子，弱化子）	頻度↓ **正の弱化（罰）**	頻度↑ **負の強化**

オペラント条件づけは大きく分けて正の強化・正の弱化・負の弱化・負の強化という4つに分けることができます。

　ここで，レスポンデント条件づけのときに触れた不登校の例と関連させたいと思います。レスポンデント条件づけによって，学校に行くことに対して強い恐怖や不安が形成されたとします。すると，学校に行こうと荷物を持ったり準備を整えたりすると，強い恐怖や不安が生じます。そこで学校に行くのをやめて，自分の部屋に閉じこもったとします。すると，恐怖や不安が除去されます。その結果，「部屋に閉じこもる」行動によって「恐怖や不安が除去」されて「部屋に閉じこもる」行動が強化されてしまい，どんどん部屋に閉じこもるようになってしまうのです。この場合，行動に伴う不快感の除去によって，行動が強化されているわけですから，オペラント条件づけにおける**負の強化**に該当します[04]。

講義メモ

04 問題の形成と維持　本章で紹介した不登校の例は，レスポンデント条件づけによって形成され，オペラント条件づけによって維持されている。このように，問題の形成にレスポンデント条件づけが，問題の維持にオペラント条件づけが関係するという理論を，マウラーの二要因理論と言う。

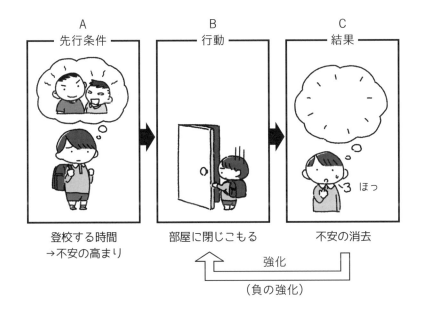

A 先行条件	B 行動	C 結果
登校する時間 →不安の高まり	部屋に閉じこもる	不安の消去

強化
（負の強化）

　他にも，人前で話をしようとすると不安が高まってしまう場合，人前から逃げることで不安が除去されると，それが負の強化となり，今後も人前で話そうとすると，逃げるようになってしまいます。このように問題行動

や回避行動が強化されていく背景には，行動に伴う嫌悪刺激の除去による負の強化が主な要因として考えられます。

　このレスポンデント条件づけやオペラント条件づけなどの学習理論を用いて，問題行動を理解し介入していこうという立場が行動療法です。よって行動療法を学ぶにあたっては，学習理論を理解していることが前提になります。

2 言語・思考

続いて言語と思考です。

> **ポイント2**　言語・思考
> ・言語と思考は密接な関係をもっている
> ・言語は対話の道具（**外言**）としてだけでなく，思考の道具（**内言**）としての役割ももつ。言語を用いた自身との対話によって，私たちは思考することが可能となり，他者との対話によって思考の可能性を広げることができる
> ・反面，私たちの思考は言語に規定されているという側面ももつ
> 　▶ サピア＝ウォーフ仮説（言語相対性仮説）

　言語と思考は，密接な関係をもっています。まず言語は，他者とコミュニケーションする道具としての役割をもっています。実際に今，私は皆さんに対して，言葉を使っていろいろな情報をお伝えしています。このようなコミュニケーションの道具としての言葉を，ヴィゴツキー[05]は**外言**と呼びました。

　しかし言語は，コミュニケーションの道具としての役割だけでなく，思考の道具としての役割をもっています。「今日，何を食べたいか」を言葉なしで考えることは難しいのではないでしょうか。言葉があるからこそ「カレーを食べる」「ラーメンを食べる」など，思考を構築することができます。また「こうするべきか？　あるいはこうするべきか？」など，自分と会話することによって，思考の可能性を広げることができます。よって私たちは，言葉があるから思考ができるのです。言葉がなかったら，思考はまったくできないのかというと，そうではないとは思いますが，私たちが豊かな思考を繰り広げることができるのは，やはり言葉の影響が大きいです。このような思考の道具としての言語を，ヴィゴツキーは外言と区別して**内言**と呼びました。

講義メモ
05 ヴィゴツキー（Vygotsky, L. S. 1896-1934）　ロシアの心理学者。内言や外言，発達の最近接領域などの理論で知られる。38 歳という若さで亡くなったものの，その影響は大きく，未完成の論文も多くあったと言われている。

また言語と思考は関連していると述べましたが，私たちの思考する内容は，言語に規定されているという側面があります。このことを**サピア＝ウォーフ仮説**，あるいは**言語相対性仮説**と言います。

私は，中学生のときに「兄も弟も brother と表現すればいい」ということが，どうしても理解できませんでした。ですから定期テストのときに，兄は older brother，弟は younger brother と書いて，先生に older や younger はいらないと注意されていました。当時の私は「きちんと older や younger と書いておかないと，区別がつかないじゃないか」と反論したのですが，受け入れてもらえませんでした。私の中で，兄と弟を区別することがよほど大事だったんでしょうね。

私たちは，兄や弟，姉や妹という言葉が存在することによって，必要以上に兄弟の出生順位を意識してしまうのかもしれません。ただ英語圏では，兄も弟も brother，姉も妹も sister と表現する。出生順位を意識する必要がないから言葉が存在せず，言葉が存在しないから出生順位を意識しないのかもしれません。英語圏で出生順位をまったく意識しないということはないでしょうけど，考える機会は日本人よりも少ないと思います。このように私たちの思考は，言葉に影響を大きく受けています。このような言葉と思考のつながりを考えてみると，意外と面白い分野だったりするのです。

3 感情

続いて感情です。

> **ポイント3　感情**
>
> ・感情は危険を回避したり危機を克服するための生理的準備態勢を整えるための，**環境適応システム**としてとらえることができる
> ・恐れや不安といった感情は，リスク回避行動を可能にし，個人の安全や生存に寄与している一方で，過剰な恐れや不安は，理性的・合理的な精神活動を阻害し，心身の健康を害したり，他者との関係性や集団内における適応性を脅かす要因にもなりうる
> ・感情には両刃性があり適切な制御が必要である

感情は，危険を回避したり，危機を克服したりするための生理的準備態勢を整える，環境適応システムととらえることができます。たとえば恐れや不安といった感情は，決して気持ちがいい感情ではありません。しかし

恐れや不安があるからこそ危険を回避したり，不用意な行動をせず慎重に行動選択したりして，危機を克服できる可能性が高まります。

また感情は，個人の安全，生存にも役立ちます。たとえば，脳の**扁桃体**という部位を損傷していると，不安や恐怖を感じることが困難になります。すると，多くの車が行き交う道を平気で横断できてしまったり，断崖絶壁のふちに立つことができたりなど，命を脅かすような行為が平気でできてしまいますから，これはたいへん危険なことです。適度な恐れや不安は，私たちを守ってくれるものであり，適応的な行動につながっているわけです。

ただ一方で，過剰な恐れや不安は，理性的，合理的な精神活動を阻害し，心身の健康を害します。過剰な恐れや不安を抱くことによって，考えなくていいことを考えすぎてしまうのです。たとえば抑うつ的な人は，**ネガティブな反すう**が多いと言われています。ネガティブな反すうとは，過去の出来事を何度も，繰り返し頭の中で想起してしまって，その思いにとらわれてしまうことです。このように過剰な恐れや不安は，心身の健康を害したり，他者との関係性，集団における適応を脅かす要因にもなりえます。感情には両刃性があり，適切な制御が必要なのです。

怒りの感情も同様です。適度に怒りをもつことによって，危機を乗り越えたり，困難を突破する力になっていったりなど，怒りが物事を動かす場合があります。しかし強すぎる怒りやコントロールできない怒りは，周囲に混乱を与えたり，場合によっては破壊的行為や迷惑行為にいたってしまう場合もあります。また，喜びは，自分を幸せにしてくれるものですが，喜びの度合いが強すぎる場合も，無鉄砲な行動であったり，周りを顧みない，周りに迷惑をかけてしまう行動につながることがあります。

つまり感情は，人間の生活を豊かにしてくれるものである一方で，反対に人間の生活を脅かすものにもなってしまうのです。

私たちはいろいろな感情に苦しめられることがあります。しかし感情があるからこそ，世界を，日々の体験を，彩り豊かに感じることができます。

感情の両刃性

よって，感情に振り回されてしまう場面もあるかもしれませんが，適度に感情を制御しながら，その感情と向き合い楽しんでいくことが大事ではないかと私は思っています。

　感情についてはジェームズ＝ランゲ説[06]，キャノン＝バード説[07]，情動の二要因理論[08]などさまざまな理論があります。感情がどのように生まれ，どのようにコントロールするのかということに関するさまざまな理論を学ぶのが，この感情の心理学という分野です。

4　性格

続いて性格です。

> **ポイント4　性格**
>
> ・性格は**個人の一貫性**のことである
> ・個々の性格について，観察や面接だけでなく，**性格検査**による把握も重要となる
> ・**性格特性論**において，性格をいくつの因子の集合体とみなすかは，研究者によって異なる
> 　▶ キャッテル（Cattel, R. B.）：16因子
> 　▶ YG性格検査：12因子
> 　▶ ビッグ・ファイブモデル：5因子

　性格というのは，個人の一貫した傾向のことです。つい他人の性格について，見た目や雰囲気から「あの人は穏やかそうな人だな」「この人は活発な人だな」などと推論しますが，それはあくまで主観的な理解にすぎません。心理学は科学性を重要視するということを，この講義の中で一貫して強調してきました。性格においても，観察や面接だけで理解しようするのではなく，**心理検査**を用いることによって，客観的な視点から理解することが求められます。そういった，研究によって信頼性と妥当性が確保された心理検査を用いることによる個人の特徴の把握[09]は，他の専門職にはない心理専門職の独自性の一つと言えます。

　また，**性格特性論**と呼ばれるものがあります。人間の性格を複数の特性の集合体ととらえる考え方です。たとえば，性格特性論で知られる**キャッテル**[10]は，因子分析という統計手法を用いて，人間のさまざまな性格を表す言葉を，16因子にまとめたと言われています。他にも日本で多く用いられている**YG性格検査**では，12因子で人間の性格を表現できると考

講義メモ

06 ジェームズ＝ランゲ説
「悲しいから泣くのではなく，泣くから悲しい」という言葉に代表される，刺激に対する身体反応を脳が認知することにより，情動が生じるとする説。情動の発生に末梢神経の反応を前提とすることから，末梢起源説とも呼ばれる。

07 キャノン＝バード説　刺激に対する視床下部の反応から身体反応や情動が発生するという説。情動の発生に中枢神経の反応を前提とすることから，中枢起源説とも呼ばれる。

08 情動の二要因理論　生理的喚起とその生理的喚起状態に対する認知によって，情動の質が決定されるという説。

講義メモ

09 心理検査による把握　心理検査による客観的な把握は大事だが，心理検査の結果だけで個人を把握した気になることも望ましくない。観察や面接などの情報を含めて，複合的に個人を理解することが求められる。

10 キャッテル（Cattell, R. B. : 1905-98） イギリスの心理学者。人間の性格を因子分析を用いて16因子に整理したことで知られる。また知能を，新しい場面に適応するための流動性知能と，経験や知識に基づく判断を行なうための結晶性知能に分類したことでも知られる。

講義メモ

11 OCEAN
・Openness to Experience（経験への開放性）
・Conscientiousness（勤勉性）
・Extraversion（外向性）
・Agreeableness（協調性）
・Neuroticism（神経症傾向）

12 特性論と類型論　性格特性論に対して，性格を少数の典型に分類する類型論という考え方もあるが，現在の性格心理学においては主流とは言い難い。

えられています。

　その他，近年注目されることが多いのは，**ビッグ・ファイブ・モデル**です。その名のとおり5因子で性格を表現しようとする理論です。5因子の内容については諸説ありますが，経験への開放性，勤勉性，外向性，協調性，神経症傾向という5つを用いることが多いです。この5因子の頭文字を取ってOCEAN[11]と呼ばれることもあります。

　以上のように，性格をいくつの因子の集合体とみなすかは，研究者によって意見が異なりますが，複数の性格特性の集合体が，人間の性格を表しているという性格特性論の考え方が現在の主流であることは間違いないでしょう[12]。以上が性格の心理学の概要になります。

まとめ

・学習の心理学は行動療法の基礎理論であり，行動療法を学ぶに当たっては，学習理論を理解していることが前提となる。
・言語と思考には密接な関係がある。言語によって思考が可能となる反面，私たちの思考は言語に左右される側面がある。
・感情は，環境適応のために有用であるが，過剰でコントロールできない感情は，むしろ不適応の原因となる両刃性をもつものである。

 **心理学の各分野の概要 3 :
脳・神経，社会，発達**

1 脳・神経

続いて脳・神経，社会，発達と紹介していきたいと思います。
まず脳・神経についてです。

ポイント1 **脳・神経**

・私たちの精神活動が脳の働きであることは，もはや疑いようの
ない事実であろう。つまり，心の専門家を目指すにあたっては，
最低限の神経心理学に関する知識が必要となる
・心と体は分離していない。心の活動が体に影響を与えることも，
体の活動が心に影響を与えることも，両方が存在する
・つまり，神経・生理を学ぶことは，最終的に「心」に関する理
解を深めることになるのである

　心理学をこれから学ぼうとする方にありがちなことが，心理学の本を開
いたはいいものの，いきなり脳や神経の図がたくさん出てきて「心理学は
難しそうだから，学ぶのをやめておこう」と思い込んでしまうことです。
また，ある程度心理学を学んだ方も，脳や神経の話は難しいから苦手だと
いう話をよく聞きます。
　そもそも，心理学を専門とする方は，脳や神経に関することをどれぐら
い知っていなければならないのでしょうか。脳や神経の専門家を目指すわ
けではないのですから，深い専門知識まで把握している必要はありません。
しかし，私たちの精神活動が，脳の働きによって支えられていることは，
もはや疑いようがない事実である以上，心の専門家を名乗るにあたっては，
最低限の脳や神経に関する知識が必要であるというのが，私の考えです。
　脳科学者の書かれた本を見ていると，心理学の内容がいろいろと参考に
されており，心理学の世界で明らかになっていることを，脳科学の面から
明らかにする試みが，多く行なわれているように思います。では，心理学
の世界は，脳科学のことをどれぐらい参考にしているでしょうか。

脳の働きによって，心の機能が成り立っているということからも，今後，脳科学の発展によって明らかになった知見を，心理学が積極的に取り入れていくことが必要になるでしょう。脳や神経の専門家と協働する場面が増えるかもしれません。そうなると，心の専門家も，脳や神経の仕組みにかかわる基本的な用語をしっかり理解していなければ，新たな知見を取り入れたり，協働したりすることが難しくなってしまうことでしょう。ですから繰り返しになりますが，心の専門家を名乗るからには，やはり最低限の脳や神経に関する理解が必要だと思われます。

少し具体的な話をしましょう。心身二元論[01]という考え方はありますが，実際には心と身体は分離していません。心の活動が身体に影響を与えることもありますし，身体の活動が心に影響を与えることもあります。たとえば，脳の神経伝達物質[02]の異常が，心の異常につながる可能性が報告されています。そのため，精神科医が出す向精神薬は，ドーパミンやセロトニンなど，神経伝達物質の働きをコントロールすることによって，心の問題を解決することを目指します。

脳や神経を学ぶことで，最終的に心に関する理解を深めることになりますので，ぜひこの分野は毛嫌いせずに，頑張って学んでいただけるとよいと思います。

では次に，少しだけ脳の機能局在について紹介しましょう。脳は，表4-1や図4-1のように部位ごとにさまざまな機能をもっていることが明らかになっています。

たとえば，脳の中でも最も身体の中心に位置する**脳幹**[03]と呼ばれる部位は，生命維持活動を担っています。また脳の後方にある**小脳**と呼ばれる部位は，不随意運動を担っています。なお，不随意運動とは，意識せずに行なう運動全般のことを指します。また記憶にかかわる**海馬**や，情動が生まれる部位と言われている**扁桃体**は，すでにこれまでの講義で登場しています。このように脳の部位ごとにさまざまな機能があります。

講義メモ

01 心身二元論　物（身体）は延長を本質とし，心（精神）は非延長的な思考を本質とするから，両者は異質な二実体であるとするデカルトの説（三省堂『大辞林』より）。

02 神経伝達物質　ある神経細胞から次の神経細胞に情報が伝達される際に用いられる化学物質の総称。たとえば，神経伝達物質の一つであるセロトニンは，心身の安定に大きく影響している。そして，うつ病患者は，このセロトニンの不足が指摘されている。

講義メモ

03 脳幹　生命維持機能を担っているため，脳幹の機能停止を脳死状態とみなすことが多い。

表 4-1　脳の機能局在

領域		主な機能
脳幹		生命維持機能
小脳		不随意運動
大脳	前頭葉	意思決定，情動の抑制
	頭頂葉	情報の統合，随意運動
	側頭葉	聴覚機能
	後頭葉	視覚機能
大脳辺縁系	海馬	記憶の記銘
	扁桃体	情報の生起

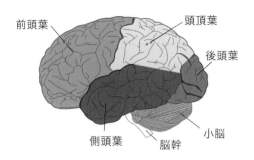

図 4-1　脳の部位

　ここで，大脳皮質のうち額の部分にある**前頭葉**と呼ばれる部位に注目したいと思います。ここは「人間の理性が宿っている」と表現されることがあり，意思決定したり，適切な判断を行なったり，生じた情動をコントロールする機能があると言われています。

　認知症の中に**前頭側頭型認知症**と呼ばれる認知症があります。認知症と言えば，一般に記憶の問題が大きなトピックとしてあがりますが，前頭側頭型認知症はその名のとおり，前頭葉に困難を抱えるため，意思決定や適切な判断，情動のコントロールがうまくできなくなってしまいます。ですから，してはいけないことをしてしまったり，自分の怒りをコントロールできずに周りに当たり散らしたり，暴力的な行動が出てしまったりなど，まるで人が変わってしまったかのように，問題行動や反社会的な行動を起こしてしまうのです。よって，介護者が非常にたいへんな思いをする認知症と言われています。また前頭側頭型認知症は，言語面を担う側頭葉にも困難を抱えるため，相手に言われた言葉をそのまま返してしまう，オウム返し的な発話が現れるなどの特徴もあります。

　このように，前頭葉や側頭葉の機能を理解していることによって，前頭側頭型認知症をより適切に理解することが可能になります。本講義では，脳の機能局在に関する解説は以上にしたいと思いますが，最低限脳の部位ごとの役割を押さえておくと，上記のように心を扱ううえでも役に立ちますので，ぜひご確認ください。

2 社会

続いて社会心理学です。

> **ポイント2** 社会
>
> ・**他者との関係性**から生じる心理を扱うのが，社会心理学
> ・関係性に悩む人が多い現代だからこそ，社会心理学のもたらす知見の価値は大きい
> ・代表的な理論として，多くの他者の存在により援助介入が抑制される**傍観者効果**がある
>   ▶ 多元的無知（多数の無知・集合的無知）
>   ▶ 評価懸念（聴衆抑制）
>   ▶ 責任の拡散

社会心理学は個人ではなく，他者との関係性の中で生じる心理を扱います。現代は，他者との関係性に悩んだり，集団の中でどう適応したらいいかわからず悩んだりする人が多い時代です。そんな現代だからこそ，社会心理学がもたらす知見は，意味や価値があると思います。臨床心理学を中心に学んでいる人も，もっと社会心理学を学んでもらえるといいのに，と思うのです。社会心理学がもたらす，集団や他者との関係性に基づくさまざまな理論は，心理支援の現場に生かせることが多いことでしょう。

代表的な理論として，多くの他者の存在によって，援助介入が抑制されるという，**傍観者効果**[04]があります。多くの人がいるからこそ「誰かが助けに行く」のではなく，「誰も助けに行かない」のです。自分1人しかいなかったら助けに行くような状況でも，たくさん人がいると，なぜかみんな助けに行けなくなってしまう。なぜこのようなことが起こるのでしょうか。

さまざまな理由が考えられています。たとえば**多元的無知**は，誰も助けに行かない現状がおかしいと思いながらも，その様子を見て，おかしいと思っているのは自分だけで，助けに行かなくていい事態なのだと錯覚してしまうことです。

次に**評価懸念**は，多くの人がおり，人から見られているからこそ，自分が助けに行って「失敗したらどうしよう」「うまく助けられなかったらどうしよう」という気持ちが働いてしまうことです。

最後に**責任の拡散**ですが，これは100人いたら，一人ひとりが感じる責任量は1人でいる場合の100分の1になってしまうというものです。この場合，1人が感じる責任は極端に小さくなってしまいます。これらが

講義メモ

04 傍観者効果 傍観者効果に関する研究は，1960年代にニューヨークの都心で起きた一つの殺人事件が契機になって進められたと言われている。最初は「都会の冷めた人間関係」に注目されることが多かったが，やがて「場の力」によって，誰もが傍観者となってしまう可能性があることが，さまざまな実験結果から示されていった。

絡み合って，結局誰もが見て見ぬふりをしてしまうのが，この傍観者効果と呼ばれる現象です。

　いじめ問題でも，同じようなことが言えます。何でいじめに対して，誰もが見て見ぬふりをしてしまうのか？　という疑問に対して，いじめがよくないことはみんなわかっているけど，何となく，みんなが助けないから「助けなくてもいいんじゃないか」と錯覚してしまったり（多元的無知），みんながいるからこそ，助けに入って，逆に自分がいじめられる側になってしまったらどうしようと考えてしまったり（評価懸念），見て見ぬふりをしているのは自分だけじゃないと考えてしまったり（責任の拡散）した結果，いじめに対して傍観者になってしまうのです。

　今回の講義では傍観者効果のみの紹介ですが，傍観者効果に限らず，社会心理学がもたらす知見は，いろいろな場面で活用できるものが多いです。社会心理学に対して少し抵抗があった方に，もし学んでみようかなと思っていただけたとしたら幸いです。

3　発達

　最後に，発達心理学です。

> **ポイント3**　発達
>
> ・発達とは，生まれてから死にいたるまでの**一連の質的な変化**。発達は，量的な増大である「**成長**」と区別される
> ・愛着を中心とした乳幼児に関する研究が多いが，近年は少子高齢化に伴い，**高齢者の社会適応に関する理論が増えてきている**
> 　▶ サクセスフル・エイジング
> 　▶ オプティマル・エイジング
> 　▶ 補償を伴う選択的最適化

　発達とは，生まれてから死にいたるまでの一連の質的な変化を指します。質的な変化は，量的な増大である**成長**と区別されます。身長・体重が増える，脳のシナプス結合が増えるといった，量的な増大である成長は，20歳前後で終わってしまいます。しかし，発達は続いていきます。私たちは死にいたるまで，常に変化を続けていくのです。その変化を追っていく学問が，発達心理学です。

　発達心理学というと，愛着を中心とした乳幼児に関する研究が注目されやすいのですが，近年は少子高齢化に伴って，高齢者の社会適応に関する

理論が増え，注目されるようになってきています。

　たとえば，**サクセスフル・エイジング**と呼ばれる言葉があります。サクセスフル・エイジングとは，幸福で充実した老後を送ることを指します。ただ私は個人的に，このサクセスフル・エイジングという言葉が，あまり好きではありません。「サクセス」という言葉に，ステレオタイプ的な「幸せな老後」[05]を押しつけられるような感じがします。また老後を「サクセス」とみなす点も気になるところです。サクセスできなかった人は，失敗，つまり不幸せな老後になってしまうのでしょうか。

　そこで，**オプティマル・エイジング**という言葉に注目してみましょう。このオプティマル・エイジングという言葉は，主体的に今できる最大限のQOL[06]を目指していくことです。たとえば，若い頃と同じように働くことは，別にできなくてもいい。周囲の老人たちと同じことをする必要もない。今の自分の状況の中で，できることを最大限続けながら，主体的に年を重ねていくことを目指します。このように，オプティマル・エイジングでは，目指すQOLの状態が一人ひとり異なることが想定されています。

　また，**補償を伴う選択的最適化**という概念があります。たとえば趣味の活動について，昔と同じように取り組み続けると「若い頃はできたはずなのに」と，自己否定的になりがちです。そこで，今の自分にできる範囲を選択して，主体的に最適化していくことを，補償を伴う選択的最適化と言います。たとえば楽器の演奏について，昔のように勢いに任せて吹くことはできなくても，経験に基づく抑揚を効かせた演奏で聴衆を魅了することは可能です。「このことはもう，できなくてもいい」「その代わり，この部分に集中する」というように，主体的に切り捨てたり選択したりするのです。

　たとえば，老後に仕事を辞めさせられた，やらせてもらえなくなった

05 ステレオタイプ的な幸せな老後　孫に囲まれて団欒し，自分の趣味を適度に行ない，金銭的に特に不自由することなく，しかし贅沢をすることもなく，慎み深く幸せに生きる老後……といったところだろうか。こんな都合のいい幻想のような老後を送れる人が，はたしてどれほどいるのであろうか？

06 QOL（Quality of Life；生活の質）　人がどれだけ人間らしい生活や自分らしい生活を送り，人生に幸福を見いだしているかを表す概念。

など，他者によって切り捨てられると，やはり自己肯定感は低くなりがちです。ですから自ら主体的に，自分のできることを選択していく。ステレオタイプ的な老後の幸せではなく，一人ひとり異なる「それぞれの老後」を，主体的に選択していく。そのような年の重ね方が，主観的幸福感や，QOLを高めるために重要ではないかと言われています。このように，近年，高齢者の社会適応に関する理論が注目されています。

　発達心理学の理論の多くは乳幼児や子どもの発達に関する理論なのですが，中年期危機であったり，高齢者の社会適応であったり，死の受容であったりなど，生まれてから死ぬまでの一連の変化という文脈で，発達心理学をとらえると，より視点が広がるのではないかと思います。
　以上で発達心理学の紹介を終わります。

まとめ

・精神活動が，脳の働きによって支えられていることが事実である以上，心の専門家を名乗るにあたっては，最低限の脳や神経に関する知識が必要である。
・社会心理学がもたらす，集団や他者との関係性に基づく理論は，心理支援の現場に生かせることが多いため，社会心理学を学ぶことには価値がある。
・発達心理学とは，子どもの発達に限らず，生まれてから死にいたるまで一連の質的な変化を追う学問である。特に近年は高齢者の適応に関する理論が注目されている。

心理学とは，結局何なのか

1 心理学は，心の科学

では PART 1 の最後の章を始めましょう。

ここまで心理学の歴史をたどってきたり，心理学の各分野を紹介したりしてきました。では改めて，ここでもう一度問い直しましょう。**心理学とは，結局何なのでしょうか。**

心理学の歴史で紹介したとおり，心理学は哲学からの脱却を掲げ，客観性と科学的な理論の構築を目指したヴントによって誕生しました。また，ヴントのもとで学んだウィトマーという人物は 1896 年に，心に関する科学的な知見を心理的な問題解決に利用することを目指して，臨床心理学という言葉を用いた講演を行ないました。これが臨床心理学の誕生と言われています。ですから臨床心理学も，ヴントを原点とする心の科学としての成り立ちがあります。

よって「心理学とは何か」のまず 1 つめは，心理学は個人の経験や主観，人生観に基づく心の理解ではなく，あくまで研究，データ，客観性によって裏づけられた「**心の科学**」であるということです。今回の講義で紹介してきた知覚や認知，社会，発達などのさまざまな理論も，やはり研究や実験によって裏づけられたものです。

ポイント1　**心理学は，心の科学**

・心理学は「哲学からの脱却」を掲げたヴントによって誕生した
・ヴントに学んだウィトマーは，心に関する科学的な知見を心理的な問題解決に利用することを目指した
　▶ 1896 年，ウィトマーは「臨床心理学」という語を用いた講演を行なった⇒臨床心理学の誕生
・心理学は，個人の経験や主観に基づく心の理解ではなく，**研究**に裏づけられた「**心の科学**」である

2 心理学は，多面性の学問

そして「心理学とは何か」の2つめです。

心理学は，**多面性の学問**であるということを，ぜひここで強調したいと思います。今回の講義では，心理学のさまざまな視点を紹介してきました。研究・統計，知覚，認知，学習，言語・思考，感情，性格，脳・神経，社会，発達。改めて並べてみると，よくこんなに紹介したなと思いますね。心理学には，本当にいろいろな側面があり，扱う範囲がとても広いのです。

この扱う範囲の広さは，いろいろな視点で人間を知ることができるという，心理学の魅力でもあります。人間はどうやってものを見ているのか，どうやってものを考えているのか，どうやってものを学んでいくのか，言葉を使うとはどういうことか，感情とは何なのか，性格とは何なのか，脳や神経の仕組みから心をとらえるとは，他者とのかかわりによって何が起こるか，生まれてから死ぬまでどのような変化があるか。いろいろな角度から人間を知ることができて，視点が豊かになります。

皆さん想像してみてください。1つの視点でしか撮っていない映像より，いろいろな角度から撮った映像のほうが，素敵な映像になるのではないでしょうか。これは，同じ場面でも，撮る角度が変われば見え方が異なり，新たな視点や斬新な表現が生まれやすいからです。心理学も同様です。いろいろな角度から見ることにより，見えなかった面が見えてきたり，わからなかったことがわかったりします。また，領域横断的に見ることで，新たな可能性が発見されることもあるでしょう。この視点の豊かさは，間違いなく心理学の魅力です。

ポイント2 **心理学は，多面性の学問**

・研究・統計，知覚，認知，学習，言語・思考，感情，性格，脳・神経，社会，発達……など，心理学が扱う範囲は，幅広い
・心理学の魅力は，さまざまな視点で「人間」を知ることができる，その**視点の豊かさ**にある
・公認心理師に向けた学びは，今一度，**心理学の全体像を俯瞰するチャンス**
・世界の見方が豊かになる。多面的になる。視野が広がる。今一度，心理学を味わいましょう

これから公認心理師国家試験に向けて学ぼうとする方，あるいは公認心理師の資格を取ったけれども，改めて心理学を学び直そうという方は，もう一度心理学の全体像を俯瞰して見てみるのはいかがでしょうか。心理学

の学びを通じてさまざまな視点で人間を学ぶことで，人間の見方や世界の見方が豊かになる，多面的になる，視野が広がる。ぜひいろいろな視点で，心理学を味わってほしいと思います。

３　心理学は，面白い

　ここまで「心理学とは何か」を２つ紹介しました。心理学とは，心の科学である。心理学とは，多面性の学問である。この２つで十分と言えば十分ですが，個人的にもう一押し欲しいと思いました。科学としての客観性やデータを用いて誰もが納得する理論を目指していくということ。そして多面的な視点によって，豊かに心をとらえるということ。この２つをふまえたうえで「心理学とは何か」をあえてもう一つ付け加えるとするならば，これです。

　「心理学は，面白い」ということです。

ポイント3　　**心理学は，面白い**

・新たな発見，新たな知識，新たな視点。今まで当たり前だったことが，まったく違って見えることもあるかもしれない。**こんなに面白い学問はない**
・心理学を学ぶにあたり，心理学の多面性を，新たな可能性を，**ぜひ楽しんでほしい**

　私は現在，心理学に関する教育を主な仕事にしていますが，まだまだ知らないことがどんどん発見されます。このことは，純粋に面白いです。新たな発見，新たな知識，新たな視点。しかもそれらは，個人の主観や思い込みではなく，客観的なデータで示してくれて，納得させてくれる。納得させたうえで，新たな視点を与えてくれる。今まで当たり前だったことが違って見えたり，自分が気づかなかったことに気づかせてくれたりする。こんな面白い学問はありません。

　そして私自身も，こんな面白い学問に仕事としてかかわらせてもらって，それで生活させてもらっているなんて，幸せだなと思います。心理学に感謝していますし，こういう機会が与えられたことにも感謝しています。心理学ってやっぱり面白いんですよ。地球上で一番面白い学問なんじゃないですかね。「その面白さにエビデンスはあるのか」と言われると，それこそ「主観じゃないか」と言われてしまいそうですけども。ただ，今回の講

義を経て，皆さんが心理学の科学的な面白さを，そして心理学がもつ多面
性を，領域横断性から得られる新たな可能性を,再発見するきっかけになっ
たとしたら幸いです。

　心理学は心の科学であり，多面性の学問であり，そして最も面白い学問
である。このように結論づけて，私の講義を終えたいと思います。ありが
とうございました。

確　認　問　題
TEST 1

以下の文章について，正しい文章には○，正しいとは言えない文章には×をつけなさい。

(1) 学問としての心理学を下地として，社会に向けて発信されたものがポピュラー心理学である。

(2) 心理学は，心の仕組みや働きを科学的に検証することを目的とし，データに基づいて理論を構築する実証的な学問である。

(3) 公認心理師は，医療・福祉・教育などの実践領域で活躍するために必要な知識・技術の習得が求められ，基礎領域の知識は求められていない。

(4) 心理学の歴史は長く，古代ギリシア時代から心理学という名のもと，心の探求が行なわれてきた。

(5) 心理学が誕生した後に，心に関する科学的で実証的な理論の構築を目的として精神物理学が誕生した。

(6) ウェーバーの法則に基づけば，500g の基準刺激に対して弁別閾が 25g である場合，基準刺激が 1000g になれば弁別閾は 50g になる。

(7) ヴントは，意識を純粋感覚と単純感情に分解し，その結合の法則を見いだすことを目指した。

(8) ヴントは，意識に関するデータを第三者から収集するために，投影法と呼ばれる手法を用いた。

(9) ヴント以降の心理学で 3 大潮流と呼ばれたのは，行動主義, ゲシュタルト心理学, 認知心理学の 3 つである。

(10) ゲシュタルト心理学とは，要素に還元することのできない全体性のもつ独自の情報に注目した心理学派である。

TEST 2

次の人名と関連するキーワードをア〜コから選びなさい。

(1) Ebbinghaus, H.

(2) Fechner, G. T.

(3) Wundt, W.

(4) Witmer, L.

(5) Watson, J. B.

(6) Wertheimer, M.

(7) Freud, S.

(8) Vygotsky, L. S.

(9) James, W.

(10) Cattell, R. B.

ア．臨床心理学の誕生

イ．感情の理論

ウ．「心理学の過去は長いが，歴史は短い」

エ．因子分析と性格特性論

オ．内言と外言，発達の最近接領域

カ．世界初の心理学実験室

キ．精神分析学

ク．ゲシュタルト心理学

ケ．精神物理学

コ．行動主義

確 認 問 題

TEST 3

次の心理学分野と関連するキーワードをア～トから，2つずつ選びなさい。

(1)　研究・統計

(2)　知覚

(3)　認知

(4)　学習

(5)　言語・思考

(6)　感情

(7)　性格

(8)　脳・神経

(9)　社会

(10)　発達

ア．前頭葉

イ．選択的注意

ウ．有意差

エ．作業記憶

オ．愛着

カ．傍観者効果

キ．カクテルパーティ効果

ク．神経伝達物質

ケ．OCEAN

コ．多元的無知

サ．特性論

シ．ジェームズ・ランゲ説

ス．補償を伴う選択的最適化

セ．統制

ソ．レスポンデント条件づけ

タ．二重貯蔵モデル

チ．内言と外言

ツ．キャノン・バード説

テ．負の強化

ト．サピア・ウォーフ仮説

確 認 問 題
TEST 4

以下の問いに答えなさい。

(1) 哲学と心理学の違いについて，説明しなさい。

(2) 心理学において，なぜ統計が必要なのか，説明しなさい。

(3) 同じ映像を見ているはずなのに，見えている内容が異なることがある。その理由について説明しなさい。

(4) レスポンデント条件づけについて，無条件刺激・無条件反応・条件刺激・条件反応という用語をすべて用いて説明しなさい。

(5) 感情の機能について説明しなさい。

(6) 前頭側頭型認知症の症状について説明しなさい。

(7) 発達と成長の違いについて説明しなさい。

(8) あなたが考える「心理学の面白さ」について，述べなさい。

解答例

TEST 1

(1) × ポピュラー心理学は，学問としての心理学を下地にしているとは言い難い。

(2) ○

(3) × 公認心理師として習得すべき科目には，知覚・認知・学習などの基礎領域の科目が多く含まれている。

(4) × 古代ギリシア時代から行なわれてきた心の探求は，心理学ではなく哲学である。

(5) × 精神物理学が誕生したのは，心理学が誕生する前である。

(6) ○

(7) ○

(8) × 投影法ではなく，内観法。投影法は，ロールシャッハテストに代表される，多義的な刺激に対する反応から無意識的な性格特徴を抽出する性格検査の一つ。

(9) × 認知心理学ではなく，精神分析学である。認知心理学は，20世紀初頭に3大潮流が登場した後の1960年代頃から盛んになる。

(10) ○

TEST 2

(1) ウ

(2) ケ

(3) カ

(4) ア

(5) コ

(6) ク

(7) キ

(8) オ

(9) イ

(10) エ

TEST 3

(1) ウ，セ

(2) イ，キ

(3) エ，タ

(4) ソ，テ

(5) チ，ト

(6) シ，ツ

(7) ケ，サ

(8) ア，ク

(9) カ，コ

(10) オ，ス

TEST 4

(1) 　紀元前の古代ギリシャ時代から「人間とは何か」「心とは何か」という問いに答えていたのは，主に哲学者たちであった。しかし，哲学者たちの理論は，哲学者個人の経験に基づくものであったり，哲学者個人の観察に基づくものであったりなど，いわば主観的な理論であった。論理的に組み立てられた理論ではあるが，本当にその理論が正しいのか，誰が見てもその考えが正しいと言えるのかという面で，実証的とは言い難かった。

　心理学を創始したヴントは，統制された条件下で多くの被験者から共通した報告が得られれば，それは客観的なデータになると考えた。そして，内観法による客観的なデータの収集によって，ヴントは「哲学からの脱却」を強調した。つまり，個人の経験や観察に基づく主観的な理論の構築である哲学に対し，心理学は内観法によって客観性をもったデータを集め，そのデータに基づき理論を構築することによって，科学として成り立つと考えたのである。

　以上のことから，客観性や実証性を重視するか否かが，心理学が哲学と明確に区別される点と言える。

(2) 　心理学が人の心を科学として描写する以上，どのように科学的に描写するのか，どうやって客観性を成り立たせるのか，ということが重要になる。そのために，客観性を確保するための数量や統計手法に関する理解は必須である。たとえば「普通」と言われても，人によって「普通の程度」が違うため，客観性を確保することは難しいが，このとき，数量化することによって，他者と認識を共有することは可能となる。同様に心理学においても，さまざまなかたちで人の心の数量化が行なわれている。そして数量化することによって，さまざまな統計的な分析が可能となり，それが客観性の確保へとつながる。心理学は客観性を確保することによって，哲学とは異なる独自の立ち位置を確立しようとしてきた。よって，心理学を学ぶにあたっては，客観性を

確保するための研究と統計手法について，理解する必要があると言える。

(3)　感覚器に与えられた膨大な情報のうち，自分にとって価値がある情報だけを選んで注目していることを選択的注意と言う。私たちはこの選択的注意により，日常的に感覚情報から必要な情報だけを選んで表象を形成している。そして私たちは，網膜に映った映像を直接見ているわけではなく，心理作用の結果，心に形成された「表象」を見ている。よって，同じ映像を見たとしても，個々に形成される表象が異なるため，「何が見えているか」が異なってしまうのである。

(4)　レスポンデント条件づけとは，無条件刺激と条件刺激の対呈示を続けることで，本来無条件刺激によって誘発されるはずの無条件反応が，条件刺激によって誘発される条件反応になり，条件刺激と条件反応の連合が成立することである。パブロフの犬の実験が代表的である。

(5)　感情は，危険を回避したり，危機を克服したりするための生理的準備態勢を整える，環境適応システムとして機能する。たとえば，不安や恐怖を感じることがなければ，多くの車が行き交う道を平気で横断できてしまったり，断崖絶壁のふちに立つことができたりなど，命を脅かすような行為が平気でできてしまう。このように，適度な恐れや不安は，私たちを守るものであり，適応的な行動につながっている。ただ一方で，過剰な恐れや不安は，理性的，合理的な精神活動を阻害し，心身の健康を害するものになる。このように感情には両刃性があり，適切な制御が必要になる。

(6)　認知症と言えば，一般に記憶の問題が大きなトピックとしてあがるが，前頭側頭型認知症はその名のとおり，前頭葉に困難を抱えるため，意思決定や適切な判断，情動のコントロールの困難さが特徴としてあげられる。よって，してはいけないことをしてしまったり，自分の怒りをコントロールできずに周りに当たり散らしたり，暴力的な行動が出てしまったりなど，まるで人が変わってしまったかのように，問題行動や反社会的な行動を起こしてしまうことがある。このことから，介護者が非常にたいへんな思いをする認知症とも言われている。また前頭側頭型認知症は，言語面を担う側頭葉にも困難を抱えるため，相手に言われた言葉をそのまま返してしまう，オウム返し的な発話が現れるなどの特徴もある。

(7)　成長とは，身長・体重が増える，脳のシナプス結合が増えるといった，量的な増大のことを指す。よって，成長は 20 歳前後で終わってしまうものである。しかし，発達は，生まれてから死にいたるまでの一連の質的な変化を指す。発達は量的な増大である成長と区別され，そして，私たちは死にいたるまで，常に質的な変化を続けていく。よって私たちは生涯，発達を続けていくと考えられている。

(8)　(略) 基本的に不正解はない。だがこのような問いは「心理学がどのような学問か，理解しているか」が問われる。つまり「深層心理がわかる」「人とのかかわり方がわかる」といった，ポピュラー心理学的な面白さを述べるよりも，科学性や客観性，多面性や領域横断性など学問としての心理学の面白さを述べるほうが，より望ましいであろう。

PART 2

公認心理師のための
臨床心理学入門

社会的専門職として国の政策に
即した活動を求められる公認心
理師において必要となる心理職
の知識と技能を整理し，臨床心
理学の学び方を解説します。

講 義

下山晴彦
東京大学大学院教育学研究科　教授

0 はじめに： 講義の概略

1. 現代日本社会の心の問題

それでは「公認心理師のための臨床心理学入門」について，講義をさせていただきます。よろしくお願いいたします。

21世紀の現代日本社会は，豊かな消費社会，高度情報社会になっています。そして，ものや情報があふれる一方で，人々はさまざまな心の問題を抱えています。図0-1をご覧ください。

たとえば自殺者は，多少減ってきていますが，それでも2万5,000人を超えています。それから小学生の12〜13人に1人という高い抑うつ傾向や，19万件といういじめの件数があり，これらはかなり深刻な状況です。また，不登校の問題も以前から続いています。

引きこもりについては，完全な引きこもりではありませんが，ほとんど引きこもっている状態と言える「準引きこもり」[01]が46万人以上いると言われています。それからうつ，自殺による経済的な損失額は2.7

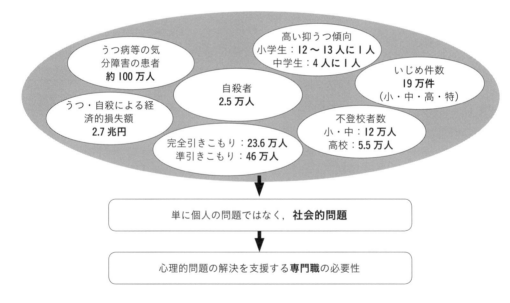

図 0-1　21世紀の現代日本社会

現代日本社会は，豊かな消費社会，高度情報社会であり，モノや情報があふれる一方で，さまざまな心の問題を抱えている。

 講義メモ

01 準引きこもり　「準引きこもり」について樋口（2006）は，学校には真面目に登校し，学業成績も問題はなく，目立った問題行動もないが，家族を除く他者との交流がほとんどなく，対人的な社会経験が不足している状態と定義している。

円と言われていますが，実際のところはこの数字を超えていると推測されます。

これらの問題は，単に個人の問題，個人の心の弱さや個人のストレスに対する弱さといった問題ではなくて，もう社会的な問題になっていると言えるでしょう。そのため，心理的な問題を解決，支援する専門職が，社会の中で必要とされるようになってきたのです。

心理的な問題を解決，支援する専門職が社会の中で必要とされる中，2015年9月9日に公認心理師法が成立しました。そして同年9月16日に交付されました。公認心理師法第1条には目的として「公認心理師の資格を定めて，その業務の適正を図り，もって国民の心の健康の保持増進に寄与する」と規定されています。

また公認心理師法第2条において「公認心理師の名称を用いて，保健医療，福祉，教育，その他の分野において，心理学に関する専門知識及び技術をもって，次に掲げる行為を行うことを業とする者」を，公認心理師と定義づけています。「次に掲げる行為」は，以下の4つ [02] になります。

1. 心理に関する支援を要する者の心理状態を観察し，その結果を分析すること
2. 心理に関する支援を要する者に対し，その心理に関する相談に応じ，助言，指導その他の援助を行うこと
3. 心理に関する支援を要する者の関係者に対し，その相談に応じ，助言，指導その他の援助を行うこと

4. 心の健康に関する知識の普及を図るための教育及び情報の提供を行うこと

2.　本講義で伝えたいこと

このような公認心理師法の交付を受け，この講義でお伝えしたいことは以下のとおりです。

「公認心理師法の成立の意味」とは？
「公認心理師法が心理職に与える影響」とは？
「公認心理師が学ばなければならないこと」とは？
「臨床心理学を学ぶことの意味」とは？

以上のことをお伝えするために，本講義の内容は次のようになっております。

1. 心理職の国家資格化
2. 日本の臨床心理学の現状と課題
3. 説明責任を果たす研究活動
4. 社会に実践を位置づける専門活動
5. 「心理臨床学」から「臨床心理学」へ
6. 臨床心理学のカリキュラム

最初に「心理職の国家資格化」について考えます。次に「日本の臨床心理学の現状と課題」について見ていきたいと思います。3つめに，現状と課題と関連して「説明責任を果たす研究活動」が必要になるということについてお話をします。4つめは「社会に実践を位置づける専門活動」を，5つめは「「心

宮川 純（河合塾 KALS 講師）

02 公認心理師の4つの業務　公認心理師法第2条で定められた4つの業務のうち4つめだけは「心理支援を要する者の」という表現がない。これは，要心理支援者に限らず，広く国民に対して，心理学に関する知識を普及することを目指していることの表れである。

理臨床学」から「臨床心理学」へ」という
ことをお話ししたいと思います。最後に「臨
床心理学のカリキュラム」をどうしていく

べきか，公認心理師が学ぶべきことと，臨
床心理学を学ぶ意味について紹介したいと
思います。

心理職の国家資格化

1　国家資格化の歴史

　ではまず「心理職の国家資格化」ということについて、見ていきたいと思います。以下の年表をご覧ください。

ポイント1　　国家資格化の歴史

○ 1945年　アメリカで心理士法（コネチカット州）の成立
○ 1960年　**心理技術者資格認定機関設立準備委員会**
○ 1964年　日本臨床心理学会
× 1969年　日本臨床心理学会の資格問題を巡る紛糾
× 1971年　日本臨床理学会の実質的解体
○ 1982年　日本心理臨床学会
○ 1988年　日本臨床心理士資格認定協会
○ 1995年　スクールカウンセラー活用調査研究委託事業
○ 2001年　スクールカウンセラー公立中学への正式導入
× 2005年　2資格1法案：臨床心理士（文科）VS 医療心理師（厚労）
○ 2013年　日本心理研修センター
○ 2015年　公認心理師法成立（← 55年間の悲願成就?!）

　世界で初めて心理学者に関する法律ができたのは、第2次世界大戦の直後、1945年のアメリカです。コネチカット州で最初に心理士法ができています。これは第2次世界大戦の直後ということから、戦争神経症[01]、いわゆる PTSD の方が非常に多く、その治療のために心理職が必要になったという背景があります。退役軍人会が非常に熱心に法律の成立にかかわったと言われています。

　そして、敗戦国の日本でもアメリカの文化が入ってきて、アメリカで心理士法ができてから15年後の1960年に、**心理技術者資格認定機関設立準備委員会**というものができています。そして、この準備委員会が発展するかたちで、1964年に**日本臨床心理学会**[02]ができています。特に若い方

講義メモ

01 戦争神経症　命の危険を伴う戦争という非常事態に対し、軍の内外で見られる異常反応の総称。戦場における食欲不振、不眠、錯乱、失神などの急性反応だけでなく、帰還後の悪夢や無感情、抑うつなどの遅発性の反応もある。
02 日本臨床心理学会　「臨床心理学やそれに基づく現場の活動について、様々な立場や角度からその行為を考えている学会」（日本臨床心理学会ホームページより）として、1964年に設立。本文中に紹介されているように、1971年、日本臨床心理学会は実質的に解体したが、現在も学会としての活動は続けられている。

によく注意していただきたいのは，日本心理臨床学会ではない点です。日本臨床心理学会という組織が，早くもこの時期にできているのです。

　この日本臨床心理学会が中心になって，心理職を国家資格化をしようと動きました。ところが1969年，いよいよ国家資格として明確に心理職を定義していこうという段階になって，この問題をめぐる紛争が起きました。当時は，安保闘争で若いヤング・ラディカルズと言われている人々が，権力反対運動をしていました。私の所属する東京大学が一番ひどくて，安田講堂を占領したりなどの問題が起きました。この安保闘争が，心理職の国家資格化をめぐって，大きな議論を引き起こしたのです。「心理職が国家資格になるということは，国という権力の一部になることである」「患者を社会の弱者と考えた場合，心理職が権力をもって弱者をコントロールするという権力関係になる」「これは望ましくない，絶対反対である」ということで，国家資格化をリードしていた年配や中枢の人たちを追い出してしまったのです。その結果，1971年に日本臨床心理学会は実質的に解体してしまいました。一時，国家資格化の動きが途絶えたわけです。

　ところがまた10年ほどして，やはり国家資格は大事であり，世界は国家資格化の流れで動いているということで，1982年**日本心理臨床学会**[03]が成立しました。今度は，日本臨床心理学会ではないので注意してください。

　そして1988年には，日本心理臨床学会が中心となって，**日本臨床心理**

講義メモ

03 日本心理臨床学会　日本臨床心理学会の脱退者が中心となって1982年に設立した学会。
　2018（平成30）年8月31日現在で，正会員2万9,414名と，日本の心理学界では最大の会員数をもつ学会（日本心理臨床学会ホームページより）である。

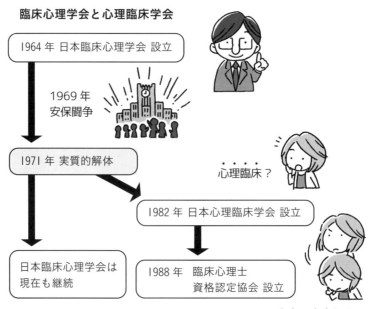

臨床心理学会と心理臨床学会

1964年 日本臨床心理学会 設立

1969年 安保闘争

1971年 実質的解体

心理臨床？

1982年 日本心理臨床学会 設立

日本臨床心理学会は現在も継続

1988年 臨床心理士資格認定協会 設立

今度は臨床心理？

士資格認定協会[04]が設立されました。国家資格の成立が当時難しかったので，民間団体である認定協会というところから，まず民間の臨床心理士という資格を出しましょうというかたちでスタートしたわけです。その成果はあって，1995年には**スクールカウンセラー活用調査研究委託事業**で，臨床心理士がメインメンバーとして採用されました。ここで初めて税金を使って，心理職が活用されたことになります。そういう意味でこの出来事は，国から初めて心理職が認められたという大きな出来事でした。

　そして2001年にはスクールカウンセラーが公立中学に正式に導入されていきます。全国の公立中学に導入されたことによって，臨床心理士が資格として認められ始めたわけです。ただし臨床心理士は国家資格ではありません。だからこそ医療現場の中では正式の職員として，専門職として認められず，ずっと不遇の時代が続いていたわけです。

　それで何とかしたいということで，2005年に**2資格1法案**というものが提案されることになりました。背景には，スクールカウンセラーを進めていたのが文部科学省であり，臨床心理士という資格を文部科学省は強く推していたことがあります。対して，厚生労働省と非常に関係が近い医療領域は，臨床心理士に医師の指示の下で仕事をしてほしいという条件を求めてきて，その条件に対して臨床心理士は，強く反対しました。結果，対立は解消されませんでした。それならば医療で働く心理士(医療心理師)と，それ以外で働く臨床心理士と分けて資格を作ったらいいのではないかということで，2資格1法案というものが動き出したわけです。ただ，国会に出される直前に関係者の合意ができず，2資格1法案も流れてしまいました。ここでもまた，残念ながら国家資格化の道の先に進めなかったことに

講義メモ

04 日本臨床心理士資格認定協会　日本心理臨床学会を中心に16の心理学の学会が共同して1988年に設立した公益財団法人。

　日本における臨床心理士の普及と地位の確立を目指して，臨床心理士の資格審査をはじめとする，さまざまな活動を行なっている（日本臨床心理士資格認定協会ホームページより）。

2資格1法案

臨床心理士　　　　　医療心理師

文部科学省　　　　　　　　　　　　　厚生労働省

結局、合意ができず国家資格化ならず

なります。

　その後，2013 年に**日本心理研修センター**ができました。そこを中心に国家資格化の動きが進み，2015 年についに**公認心理師法**が成立したことになります。ここにおいて，55 年間の悲願が成就したことになり，おめでたいことではあると思います。

2　国家資格化は，本当に難しいのか？

　しかし，なぜ 55 年間もかかってしまったのでしょうか。そんなに国家資格化は難しいのでしょうか。私はネットで国家資格を検索してみました。ぜひ皆さんも検索してみてください。以下は，あ行の国家資格です。

　　足場の組立等作業主任者／アプリケーションエンジニア／アマチュア
　　無線技士／あん摩マッサージ師／医師試験／一般計量士／移動式ク
　　レーン運転士／運行管理者／運行管理者（航空機）／衛生工学衛生管
　　理者／衛生管理者／液化石油ガス整備士／栄養士／園芸装飾技工士／
　　エックス線作業主任者／エンベッドシステムスペシャリスト……

　あ行だけでもこんなに出てくるのです。最初に出てくるのが足場の組立等作業主任者。私は，「あれ……？　確かに工事のときに足場を組んでいるな。あの作業は国家資格が必要なんだ。確かに危険だしな」と思ったわけです。次に，アプリケーションエンジニア「これも専門性が高いのかな……？」と。次にアマチュア無線技士。「あれ，アマチュア？　うちの義理の弟がやっていたな。あの人たち国家資格なんだ……」と思いました。次にあん摩マッサージ師。「あれ，これも国家資格なんだ」と思いました。なぜ私たち心理職は 55 年間も，こんなに苦労をしたのでしょう。もちろん，あん摩マッサージ師の方々も技術を身につけるのは難しいと思いますが，私たちより先にどんどん国家資格を取っていたようです。

　さらに医師試験，一般計量士，移動式クレーン運転士と，いろいろ続くわけです。中には，園芸装飾技工士という国家資格があります。実は私の親父が造園業をやっていました。「うちの親父は大学を出ていないのに国家資格か」と思いました。リストの国家資格は「え」で止まっていますが，もちろん「お」から先も国家資格はずっと続きます。国家資格はたくさんあります。

　ではなぜ，私たち心理職は 55 年間も，国家資格になれなかったのでしょうか。

　国家資格化のためには，その業界が一つにまとまって国家資格にしたい

という一致団結が大事なのです。そうすれば，意外と容易に国家資格になれるのです。ところが業界がまとまらないと，そうはいきません。

　ではなぜ心理職は，一つにまとまることが難しかったのでしょうか。そのことを語るうえで考えなければならないことは「そもそも心理職とは，いったい何なのか？」ということです。なぜそのような職業ができたのか。どうして心理職としてまとまらないのか。まとまるために何が必要か。今後何が重要となるのか。こういうことが実は大きなテーマであったし，これからもテーマなのです。心理職としてまとまっていないということが，残念ながら国家資格化に 55 年もかかった大きな理由なのです。

> **ポイント 2　なぜ心理職の国家資格化は難しかったのか？**
> ・心理職とは，いったい何か？
> ・なぜ，そのような職業ができたのか？
> ・どうして，心理職としてまとまらないのか？
> ・まとまるためには何が必要か？
> ・今後何が重要となるのか？

3　生まれも育ちも異なる心理職

　心理職がまとまることが難しかった原因に，心理職はそれぞれの生まれも育ちも異なっていたということがあります。このことを考えるために，少し歴史を振り返ってみたいと思います。

　そもそも近代以前は，「自我」や個人の「心」という概念はなく，人々は神話や宗教を支えにして，地縁や血縁の共同体で生活をしていました。「私が，これをしたい」というよりも，「この地域では，こうしましょう」とか「親族では，こういうことをやりましょう」という地縁や血縁の共同体で生活が行なわれていました。「私だけで判断します」という，個人の判断は非常に少なかったわけです。

　その後，近代化が進みました。そうすると，共同体が崩れて個人主義になり，人々は自分の心のコントロールを求められるようになりました。かつては，何か問題が起きても，神父さまとか，お坊さんとか，あるいは親戚の兄貴分，おじさんとかに相談をしたり，みんなで支え合えばよかったわけです。しかし近代化により共同体が崩れ，個人主義になり「私」の判断が求められるようになりました。するとその判断は「私」という個人に

任されるようになりました。「私はこの村を離れて街に出て，こういう仕事に就きます」と言ったからには，その判断に対して個人が責任を取らなければいけない。そうすると，個人の自己責任ということになり，孤独であるし，非常に苦しいことになるわけです。社会の近代化によって，人々は，このような自己の心のコントロールを求められるようになったと言えます。

そのような心のコントロールを研究し，支援するための専門家が近代では必要になってきたわけです。そして個性の強い創設者のもと，専門家がばらばらばらばらと生まれました。図 1-1 をご覧ください。

この図のように，心理職の生まれと育ちは，その時代の精神としていろいろなものがあります。最初にフロイト（Freud, S.）が催眠法から**精神分析**[05]を創設しました。それ以外にも，ゴールトン（Galton, F.）やビネー（Binet, A.），キャッテル（Cattell, J.）というような**心理測定学**[06]から生まれたものとして，臨床心理学の父と言われれるウィトマー（Witmer, L.）がいまして，それが今のアセスメントにもつながっています。

自然科学というところでいえば，ヴント（Wundt, W.）の**実験心理学**[07]があり，パブロフ（Pavlov, I.）やワトソン（Watson, J. B.）やスキナー（Skinner, B.）というような人たちが**行動療法**[08]の基礎を作っているわけです。それからロジャース（Rogers, C.）が**人間性心理学**[09]を提唱しています。さらにコミュニケーション論のベイトソン（Bateson, G.）が**家族療法**[10]を提唱しています。また，認知科学という科学が生まれ，そこから**認知療法**[11]もできてきています。さらに，**ボストン会議**[12]というと

講義メモ

05 精神分析　無意識に抑圧された過去の経験が現在の問題を作ると考えるアプローチ。

06 心理測定学　知能検査等を用いて測定を行ない，個人差を把握することを目指すアプローチ。

07 実験心理学　意識の成り立ちを実験的に明らかにすることを目指すアプローチ。ヴントは 1879 年に世界初の心理学実験室を創設し，心理学の祖と呼ばれている。

08 行動療法　問題行動は学習されたものであるという前提のもと，条件づけ理論など学習理論を用いた介入を目指すアプローチ。

09 人間性心理学　人間の主体性を重視するアプローチ。ロジャースのクライエント中心療法が代表的。

10 家族療法　個人だけが問題ではなく，家族システム全体が健全に機能していないという前提のもと，家族システムの改善を目指すアプローチ。

11 認知療法　認知の歪みが抑うつ状態を生み出すとして，合理的な認知の獲得を目指すアプローチ。やがて行動療法と融合するかたちで，認知行動療法となる。

12 ボストン会議　1963 年にアメリカで「地域精神衛生センター法」が成立したことを受け 1965 年に行なわれた，地域精神衛生にかかわる心理学者の教育に関する会議。コミュニティ心理学の旗揚げになったと言われている。

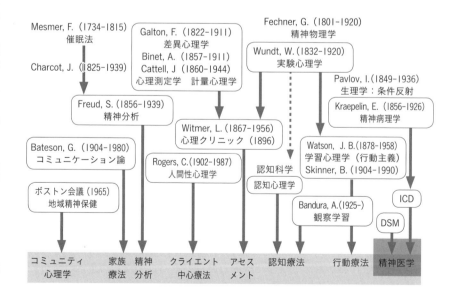

図 1-1　心理職の「生まれ」と「育ち」

ころで地域精神衛生が注目され，**コミュニティ心理学**も生まれています。このように，さまざまな心理職の考え方や技法，さらにはグループができていったということになります。

ポイント3　**心理職は生まれも育ちも異なっていた**

- 近代以前は，「自我」や個人の「心」という概念はなかった。人々は，神話や宗教を支えにして地縁・血縁の共同体で生活をしていた
- 社会の近代化によって，共同体が崩れ，個人主義となり，人々は自己の心のコントロールを求められるようになった
- その心のコントロールを研究し，支援するための専門家が，ばらばらと生まれた。しかも，個性の強い創設者によって……
- 2つの系譜
  - ▶ 伝統的・地域的な方法を活用：催眠術➡精神分析
  - ▶ 近代的・科学的な方法を開発：科学的行動主義➡行動療法

4　日本の心理臨床学の家元制度

日本では，家元制度のようなかたちで，いろいろな学派が自分たちのグループの見解を示しています。たとえば，心理療法のモデルでは，精神分析やユング心理学で知られる**心理力動学派**だけでなく，最近注目を集めている認知行動論学派や，家族療法で知られる**システム論学派**があります。

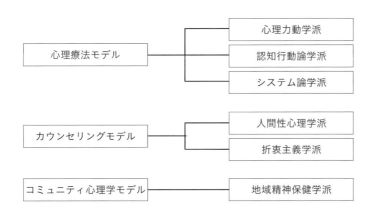

図1-2　日本の心理臨床学の家元制度

カウンセリングモデルでは，幅広く多くの方が実践している**人間性心理学**や，さまざまな技法を組み合わせようという**折衷主義学派**もあります。そしてコミュニティを大事にしようという**地域精神保健学派**もありす。

　ここに大きな問題が一つあります。それは，学生の声を聞くと一番よくわかります。多くの大学では，いろいろな心理職のいろいろな学派の先生がいます。すると「先生同士が口をきかない」「教員によって言うことが異なって困る」ということが起こりえるのです。そういう経験をされた方は多いのではないかと思います。これは学生にとってはたいへんな不利であり，混乱を呼び起こすもとなのです。

　このように生まれも育ちも異なる心理職が一つにまとまることは，非常に難しく，そのため，国家資格が誕生するまでに55年もの年月を必要としたのです。

ま　と　め

・心理職の国家資格化は，さまざまな分裂や対立によって，難航していた。
・心理職は各々の理論的背景があるために，一つにまとまることが非常に難しかった。
・理論的背景が異なる学派の違いによって，臨床心理学を学ぶ学生も，まとまった理解を得ることが難しい現状がある。

日本の臨床心理学の現状と課題

1 臨床心理学とは何か

　本章では，日本の臨床心理学の現状と課題について，考えていきます。ただ，その前に「そもそも臨床心理学とは何か」ということを確認していきたいと思います。日本では，この「臨床心理学」という概念自体が混乱し誤解されてしまっています。ですので，「臨床心理学」の定義づけなしには，議論が先に進まない可能性があるからです。

　まず臨床心理学は世界的に見て，心理学の一分野として研究に基づく「**実証性**」[01] と「**専門性**」[02] を重視することが特徴です。そのため，研究がとても重要であり，介入の効果研究を行ない，有効な介入法を採用します。「私の先生は偉い先生だから，この先生の介入法を採用します」ということではなく，効果が実証されているものを使います。その結果，専門性が行政や他の専門職から評価され，大学での地位を確保し，社会的な資格を得ています。ですから外国，特にヨーロッパ，欧米で心理専門職といえば，多くの場合臨床心理学をベースにした活動が前提になっているわけです。

　特に現在では，認知行動療法を中心とする総合的な心理援助を，他の専門職と協働しつつ，コミュニティにおいて展開しているのが臨床心理学です。ではなぜ認知行動療法かと言いますと，効果が実証されている技法が

講義メモ

01 実証性 事実によって証明できること。また，確実な証拠があること。

02 専門性 特定領域に関する高度な知識と経験があること。

ポイント1　そもそも「臨床心理学」とは何か？

・心理学の一分野として，研究に基づく "実証性" と "専門性" を重視する
・介入の効果研究を行ない，有効な介入法を採用する
・専門性が行政や他の専門職から評価され，大学での地位を確保し，社会的資格を得ている
・現在では，認知行動療法を中心とする総合的な心理援助を，他の専門職と協働しつつ，コミュニティにおいて展開している

▶ では，カウンセリングと心理療法とは何が違うのか？

多くあるからです。これは，後から見ていきます。

2　臨床心理学とカウンセリング，心理療法

では臨床心理学とカウンセリング，心理療法について整理していきましょう。臨床心理学とカウンセリング，心理療法は，どう違うのでしょうか。

ポイント2　臨床心理学は，カウンセリング・心理療法とは違う！

・心理療法
　▶ 精神分析に代表される，特定の心理療法の学派の活動を重視する
　▶ 学派の理論を習得し，学派の技法に特化した実践を発展させることを目指す
　▶ "学派性" が重視され，大学ではなく，私的な研究所を中心に教育訓練を行なう

・カウンセリング
　▶ ロジャースが提唱した "人間性" を重視する活動として，心理学にこだわらない幅広い領域に開けた人間の援助の総合学を目指す
　▶ ボランティアの人たちも含めるなど，専門性よりも "素人性" が重視される

　まず，**心理療法**です。多くの場合，精神分析に代表される特定の心理療法の学派の活動を重視します。また，学派の理論を習得し，学派の技法に特化した実践を発展させることを目指します。臨床心理学では，問題に対して有効性が実証されているものを使っていきますが，学派に根差している心理療法の場合，どのようなクライエントが来ても，まず自分の学派の技法を使えるのか，ということが重要になります。自分の学派の技法が使えない場合「すみませんが，こちらでは対応できません」と言えば良心的ではありますが，それを言わずに引き受けてしまうこともあります。

　次に**カウンセリング**です。カウンセリングは，ロジャースが提唱した「人間性」を重視する活動として，心理学にこだわらない幅広い領域に開けた，人間の援助の総合学を目指しています。外国のカウンセリングの授業は主に教育学部で行なわれており，学校の先生や看護師，ソーシャルワーカー，あるいはボランティアの方が来て「支援をしたいのだが，その技術を学び

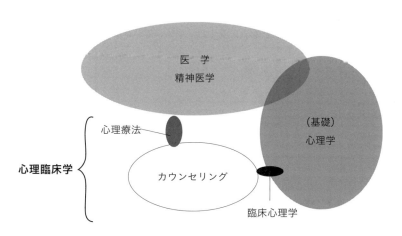

図 2-1　臨床心理学・心理療法・カウンセリングの関係

　たい」ということで，カウンセリングを学んでいます。ボランティアの人
たちなども含めることからわかるように，専門性というよりも「素人性」
を尊重し，いかに人間的にかかわるかということが重視されています。
　臨床心理学と心理療法，カウンセリングの関係を表すと図 2-1 のよう
になります。なお，日本の「心理臨床学」は，心理療法とカウンセリング
の集合体と言えます。
　医学と心理学と教育学に分けた場合，カウンセリングは教育学に属して
います。そして心理療法は，心理学にも属さず，医学からも離れるという
かたちで少し浮いた形になっています。精神医学，心理学と心理臨床学で
は意見の相違や対立が生じることもありました。
　それらに対して**臨床心理学**は，心理学に根差した心理援助や問題解決
の方法です。臨床心理学では，心理療法やカウンセリングを技術としては
使いますが，これらとイコールではありません。そして学問としては，心
理療法とカウンセリングと臨床心理学は異なるものであるということ，こ
れがとても重要なのです。

3　臨床心理学を学ぶための道筋

　援助専門職の制度が整備されている国々では，臨床心理学とカウンセリ
ング，心理療法は入り口が違います。そもそもこれら 3 つの活動は，そ
の専門性が違いますので，学問としての独立性があります。ですから，図
2-2 に示したように 3 つの区別が明確になされ，臨床心理学が社会制度に
正式に位置づけられています。学生も迷うことはありません。
　海外の場合，臨床心理学をやりたい学生は，そのための専門コースが心

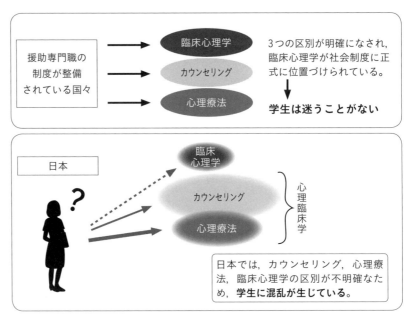

図 2-2　臨床心理学に関する国内外の比較

理学部の中にあります。「自分は臨床心理学ではなく，カウンセリングを学びたい。心理学の専門性よりも，人間性に基づく援助を大事にしたい」ということであれば，教育学部でカウンセリングを学べばよいでしょう。「精神分析が好きだ」あるいは「ユングの心理学を学びたい」ということであれば，心理療法の研究所に行って学ぶということになります。そういう入口の違いがあるわけです。

　ところが，図 2-2 の下段に示したように日本ではこれらが非常に混乱しています。カウンセリングと心理療法が一緒になっていて，それが**心理臨床学**と呼ばれています。「臨床心理学」と「心理臨床学」というものが一緒にあるわけです。これらが区別されておらず，教える大学の先生もこれらを一緒に考えている人がほとんどです。臨床心理学を教えながら「私たちカウンセラーは」と言ってしまう。大学の先生方自体が，臨床心理学と心理療法，カウンセリングを明確に区別していないわけですから，学生にこれらの違いがわかるわけがありません。

　臨床心理学と心理療法，カウンセリングは目標が異なっていますから，習うこと，学ぶ内容が違っています。ところが，大学がこれらを一緒に扱っているために，どのように学べばよいかについての道筋が混乱しています。一緒に扱っていながらも実際は違っているものですから，大学の中で衝突も起こります。先生たちは，お互いに口もきかないということも起きてくるわけです。区別があいまいなために学生が混乱してしまっている，という残念な状況になっています。

　以上のように日本では，カウンセリング，心理療法，臨床心理学が混在し，しかも「心理臨床学」という非常にわかりにくい，あやふやな学問名称があります。何を目標にするのかも定かではありません。結果，何が起きてくるかというと，その中で対立が起きています。また，精神医学や基礎心理学の人たちともあまり健全な関係を結べないでいます。こういう対立が起きているために国家資格化が難しかったという面があります。

4　日本の心理職のさまざまな分裂

日本の心理職にはさまざまな分裂があります。以下をご覧ください。

> **ポイント3　心理職に関連する分裂**
>
> ・心理療法の各学派の分裂
> ・心理職（実践者）と心理学者（科学者）との分裂
> ・臨床（実践）と研究（科学）の分裂
> ・現場と大学の分裂
> ・心理職と他の専門職（医療…）の分裂
>
> ▶これは，異常な事態なのか，それとも統合に向けての一過程なのか？

　まずは，認知行動療法と心理力動学派（精神分析等）の対立に代表される，心理療法の各学派の分裂があります。それから「心理職（実践者）」と「心理学者（科学者）」との分裂も起きています。アカデミックな心理学と，心理実践をやっている心理職の間の交流は進んでいません。むしろ接点がないと言ったほうがいいのかもしれません。
　活動としては，臨床実践と研究・科学の分裂も起きています。非常に残念なことです。また，現場と大学の分裂も起きています。「現場に出れば，いろいろな専門職と協力をしなければいけないから，大学で相談室・面接室の中でやっているだけではダメだ」という現場からの声があります。ところが大学には，なかなかそういう声が届いていません。心理職と医療職・行政職といった他の専門職との連携や協働が進んでいるというわけでもありません。むしろ他の専門職からは，「心理職は，面接室の中で1時間も何をやっているのか？」といった疑問が示されることがあります。
　このようなさまざまな交流不足や分裂は，異常な事態なのでしょうか，それとも統合に向けての一過程なのでしょうか。私は今まさに，分岐点に

あると思います。私たち自身が，現状をいかによりよい方向にもっていくことができるか，試されています。せっかく公認心理師ができたわけですから，同じ方向を見て進むべき時期だと思います。

5　欧米の心理職

　欧米の心理職もまた，生まれも育ちも別々でした。ではその状態を彼らはどのようにして統一してきたのか，見ていきましょう。

> **ポイント4　欧米における臨床心理学の発展**
>
> ・第2次世界大戦後　戦争神経症の治療として，有資格の心理専門職が必要となる
> ・学派を超えて学問として統合の必要性（⇒日本の現段階）
> ・科学者（Scientist）－実践者（Practitioner）モデル（1949）
> ・アイゼンク（Eysenck, 1952）「心理療法って，本当に役立っているの？」
> 　▶ 効果研究⇒エビデンス・ベイスト・プラクティス
> 　▶ 有効性を基準とする心理療法の序列化
> 　▶ 研究と実践，科学と臨床の統合⇒臨床心理学の確立

　すでにお伝えしたように，アメリカでは第2次世界大戦後，**戦争神経症**の治療として，有資格の心理専門職が必要になりました。そこで学派を超えて，学問としての統合の必要性が出てきました。当時はアメリカでも，精神分析と行動療法が激しく対立していました。また，精神分析と科学的な心理学も決してうまくいっていたとは言えませんでした。まさに今の日本のような状態だったのです。

　このような分裂状態から統合していくために，彼らは何をしたのでしょうか。ここで彼らが設けた原理が，**科学者－実践者モデル**です。心理職は，科学者であり実践者でもあることを大事にしましょう，というモデルです。この科学者－実践者モデルを前提に，心理職になるためには博士課程までしっかり心理学を学び，同時に実践者としての訓練も受けてくださいということになりました。アメリカでは博士課程を出て，さらに1年ないし2年のインターンシップが必要という訓練システムが作られました。ですから，アメリカの心理職は非常に専門性の高いものになっています。

　さらにそういう時代の中で，イギリスのモーズレイ病院のキングスカ

レッジの教授だった**アイゼンク**[03]が現れます。アイゼンク自身は臨床家というよりも，研究者でした。そして，本当に心理療法は役に立つのかを調べる目的で，論文を書きました。その論文から，心理療法をしっかり研究し，効果があるものを採用していくということが望ましいのではないかという考え方にいたります。これを**エビデンス・ベイスト・プラクティス**（Evidence-Based Practice：EBP）[04]と言います。利用者にとってもやはり役に立つものを使ってほしいわけです。また，行政として採用するにあたり，効果が示されていないものは使えません。効果が実証されているものであって，初めて税金を使う説明責任を果たすことができるわけです。そのため効果研究が進み，根拠があるものを実践していこうという考え方がどんどん広まっていきました。

　それによって，有効性を基準とする心理療法の序列化が進みました。偉い先生が「よい」と言っているからよいのではなく，有効性が出たものを優先的に使うというかたちで基準が一つになり，統一が取れてきたわけです。これは重要なことです。作った人の考え方ではなく，有効性が研究で示されるか否かで判断するという基準がしっかりしましたから，研究と実践が融合し，お互いが支え合うことになります。科学と臨床が統合され，臨床心理学という学問が確立したのです。

　臨床心理学はクライエントにかかわる実践活動を基本にしています。これは言うまでもありません。しかし，実践活動だけでは足りません。臨床心理学であるならば，説明責任を果たすための研究活動が重要になるのです。

　講義メモ

03 アイゼンク（Eysenck, H. J.：1916-1997）　心理療法の効果研究だけでなく，行動療法の提唱者としても知られている。

04 エビデンス・ベイスト・プラクティス　詳しくはPART 3「エビデンス・ベイスト・プラクティスの基本を学ぶ」を参照。

有効性が
示されました

ぜひ使わせて
ください

科学　　　　　　　　実践

臨床心理学という学問の確立

ま と め

・心理療法とカウンセリングと臨床心理学は，学問として異なるものである。
・日本では心理療法・カウンセリング・臨床心理学が混在し，学生にとって学
　ぶ道筋が混乱しやすい。
・心理実践で用いるアプローチを有効性が示されているか否かで判断すること
　で，研究と実践が融合し臨床心理学という学問が確立する。

説明責任を果たす研究活動

 心理職の活動は本当に役立つのか

　前項でもお伝えしたように，ただ心理実践を続けるだけでなく，私たちの活動が本当に役に立っているのか，利用する国民の皆さんに有効性をしっかり説明することが，非常に重要になります。

　そこで「心理職の活動は，本当に役に立つのか？」ということを，事例をとおして考えてみたいと思います。

1. パニック発作の生物学的要因

　事例の概要は以下のとおりです。

架空事例　心理職Aさん

　心理職のAさんは，20歳代のパニック発作を呈するクライエントBさんを担当することになりました。Bさんは，駅で急に動悸がして息苦しくなり，めまいがして手足がしびれ，意識を失いそうになったので救急車で病院に運ばれました。しかし検査の結果は，異常が無いというものでした。その後，駅だけでなく，家や仕事場でも同じ状態になったので，発作が怖くて外出できなくなっていました。薬物療法で改善されて発作は少なくなったものの，電車に乗るといったストレス状況では不安が強く，発作が起きやすくなっており，外出を避けがちでした。

　そこで心理職Aさんは，Bさんの両親が幼児期に離婚し，父親に引き取られていたので，問題の原因として母子関係を想定し，抑圧されている不安を分析して，意識化する心理療法を行ないました。しかし症状は改善せず，むしろ，症状を起こす自分は心が弱いとして自信を失い，周囲の期待に応えられない自分を責めて抑うつ状態になり，クライエントBさんは結局，自殺未遂をしてしまいました。

　それに対してBさんの父親は「薬物療法で改善していたのに，心理職は問題を適切に対処しなかったから，Bは自殺未遂をした」と非難し，Aさんを裁判所に訴えました。

さて，この事例をどう考えるでしょうか。

まずパニック発作の研究を見ますと，パニック発作には生物学的要因が関連している可能性が非常に高いということが，30年以上前からわかっています。パニック障害患者には，空気中の二酸化炭素に対する過敏性が存在しています。二酸化炭素は視床下部の**青斑核ニューロン**[01]の発火を引き起こすため，パニック発作には青斑核ニューロンの異常興奮が原因である可能性が高いと考えられています。また，**ノルアドレナリン**[02]性の機能亢進によって不安がますます高くなるとも言われています。さらに，**セロトニン**[03]の感受性亢進がパニック発作の発生に関連しているということがわかっています。このような研究成果に基づいて，実験でネズミなどに対して，パニック発作を作ることができます。

そう考えると，パニック障害は神経生理学的な疾患として生じる可能性が高いということになります。もちろん，いろいろなタイプのパニック発作があるわけですが，神経生理学的な疾患である可能性が非常に高いのです。本事例のAさんもパニック発作が駅で起きたわけですが，その後，家でリラックスしているときもパニック発作が起きているわけですから，緊張したときだけにパニック発作が起きているわけではないのです。

> ## ポイント1　パニック発作の発生メカニズム
>
> パニック発作に生物学的要因が関連している可能性がある
> ・パニック障害患者には，吸気中の二酸化炭素に対する過敏性が存在する
> ・二酸化炭素は，視床下部青斑核ニューロンの発火を引き起こすため，パニック発作は，青斑核ニューロンの異常興奮が原因である可能性が高い
> ・ノルアドレナリン性の機能亢進が不安を亢進させる
> ・セロトニンの感受性亢進がパニック発作の発生に関連している
>
> ▶パニック障害は神経生理学的疾患として生じる

ただ，Bさんには神経生理学的な観点から薬物療法が行なわれており，発作は少なくなったはずなのに，それでも問題が続いてしまっています。神経生理学的な観点だけでは，パニック発作がすべて説明できるかというとそうではないのです。

2. パニック発作の悪循環

まずBさんは，二酸化炭素に対して身体が敏感に反応する，生体変化

講義メモ

01 青斑核ニューロン 中枢神経系の中で最も多くのノルアドレナリンを含むニューロンが存在している。覚醒水準の上昇や，不安などの情動反応の発現との関連が指摘されている。

02 ノルアドレナリン ニューロン（神経細胞）間の情報伝達を担う神経伝達物質の一つ。類似した神経伝達物質にアドレナリンがあるが，主に身体に作用するアドレナリンに対して，ノルアドレナリンは不安や恐怖などの精神にも作用する点で異なる。

03 セロトニン ノルアドレナリンと同様，神経伝達物質の一つ。伝達が少ない場合は抑うつなどを引き起こすことがあるが，逆に伝達が多すぎる場合は不安や緊張を促進することにつながる。

が非常に起きやすい体質です。したがって，引き金になる状況として，**生物的反応**がまず起きます。**動悸**がして，**パニック**を起こしてしまいます(図3-1)。

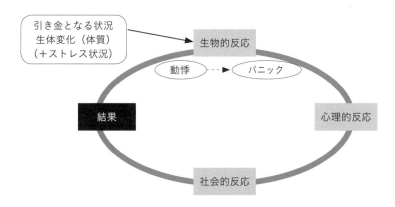

図 3-1　パニック発作の悪循環①

　ただ，単純にパニックになるだけではなく「何か悪いことが起きるのではないか」という**脅威の察知**や「心臓発作になるのではないか」「心臓発作になったら死んでしまう」という**破局的解釈**をしてしまうのです。理由もわからず突然動悸などの身体反応が起こるわけですから，たいへん怖いわけです。いつ発作が起こるのかわからないのです。そのような状況において，脅威の察知や破局的解釈という**認知的心理的反応**を起こしてしまいます。それで自己注目が生じ，自分の身体反応に不安感をもって注目するようになります。そうなるとますます動悸が高まってきますから，よりパニックになる，という悪循環が起きてきてしまうのです（図3-2）。
　ですから，薬物療法で生体変化を抑えることはできますが，認知的・心

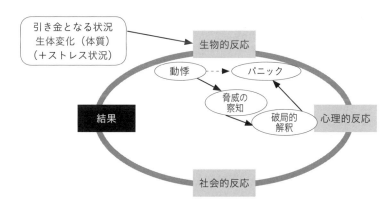

図 3-2　パニック発作の悪循環②

理的反応は変わらないわけで，この部分を変えていかなければなりません。
ところが，先ほど事例で示された心理職Aさんの方法は，過去の不安をどん
どん聴いていきましたから，Bさんは「自分は弱くて不安になりやすい人間
だ」「不安を抑えている」という意識がむしろ強くなり，動悸が高まるとま
すます自己注目してしまう，という悪循環を強めた可能性が高いのです。

　さらに，Bさんは，**回避行動 04**を取っていました。駅には近づかず，
動悸が高まりそうな場所から，なるべく離れるようにし，そこに近づかな
いようにしていました。すると，どんどん引きこもっていくわけです。そ
れで一時的には安心します。しかし**社会的活動**ができなくなりますから，
自信をなくし，落ち込んでいきます（図3-3）。

04 回避行動　オペラント条
件づけ理論によれば，回避行
動による一時的な不安の除去
が，さらに回避行動を強化さ
せると考えられる。このこと
を負の強化という。

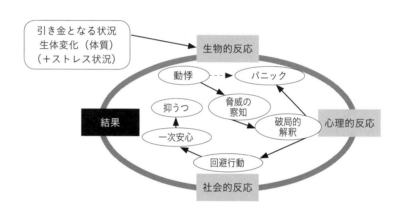

図 3-3　パニック発作の悪循環③

　落ち込むと当然悲観的になりますから，ますます破局的解釈をしてしま
います。さらに言えば，引きこもって孤立することにより，周りから「昔
は，もっとしっかりしていたじゃないか」と言われてしまい，**ストレス状**

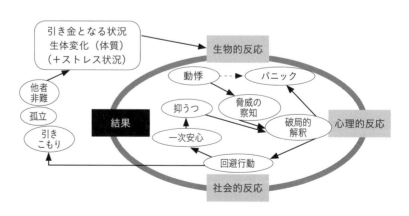

図 3-4　パニック発作の悪循環④

況が加わってきます。そうすると，生体反応も起きやすくなるという悪循環が進んでしまいます（図3-4）。ですからパニック発作は，単に神経生理学的な問題だけでなく，その人の個人的なものの考え方，あるいは社会状況と関連しているわけです。

こういう状況の中で，薬物療法は当然必要になってくるわけですが，それだけではなく，破局的な解釈をする部分には認知療法の**認知再構成法**[05]を用いることが重要です。また，回避ばかりしていますと，どんどん孤立してしまい，自信をなくしていくということで，ここでは行動療法の**曝露反応妨害法**[06]を用いることが重要になります。このように支援することで，問題を生み出している悪循環をストップさせ，症状を改善することができるのです（図3-5）。

講義メモ

05 認知再構成法 思考記録表を用いながら，自身の思考・認知の妥当性を検討し，適応的な思考・認知の獲得を目指していく方法を，認知再構成法という。認知療法の代表的な技法の一つ。

06 曝露反応妨害法 不安場面から回避する行動を抑制することで，あえて不安に直面させ，不安に慣れていく方法を暴露反応妨害法という。なお「曝露」とは「むき出しにする」ことで，ここでは「不安場面に直接さらす」という意味合いで用いられている。

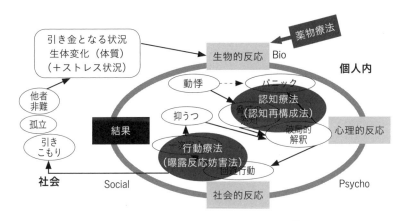

図3-5　パニック発作の悪循環⑤

2　実践性と科学性の統合

前節で見たようにパニック障害の心理的な面に対しては，認知行動療法が役に立つということが理論的にも，実証的にもわかってきています。また，パニック障害だけではなく，さまざまな問題や病理に関して研究が進み，有効性が実証された介入法リストが示されています（表3-1）。

これはアメリカ心理学会の臨床心理学部門で出されているものです。このように世の中に，何が役に立つかということは広く知られるようになっています。そのため，ある心理的問題が起きたとき，その問題改善に有効であることが実証されている技法があるのにもかかわらず，それを使わず，問題が悪化して自殺が起きたといった場合には，訴えられることもあります。アメリカではこれが訴訟となり，裁判に負けたりすることが出てきています。

以上のことからわかるように，臨床心理学や心理援助の活動が，本当に

表 3-1　有効性が実証された介入法リスト

全般性 不安障害	・認知行動療法	双極性障害	躁状態： ・心理教育 ・システマティック・ケア 鬱状態： ・家族に焦点を当てた介入
恐怖症	社会恐怖： ・認知行動療法 特定恐怖： ・曝露法	うつ病	・行動療法 ・行動活性化療法 ・認知療法 ・認知分析療法 ・対人関係療法 ・問題解決療法 ・セルフマネジメント ・自己コントロール療法
PTSD	・持続的曝露法 ・認知プロセス療法 ・EDMR（議論あり）	うつ病	（上記）
摂食障害	拒食症： ・家族を基盤とした介入 過食症： ・認知行動療法 ・対人関係療法	うつ病	（上記）
睡眠障害	・認知行動療法 ・睡眠制限療法 ・刺激コントロール法 ・リラクセーション 　トレーニング ・逆説的意図法	統合失調症と 重度の精神病	・SST ・認知行動療法 ・積極的コミュニティ介入 　（ACT） ・就労支援 ・家族の心理教育 ・社会生活の学習 ・トークンエコノミー ・認知リハビリテーション
境界性パーソ ナリティ障害	・弁証法的行動療法	強迫性障害	・曝露反応妨害法 ・認知療法
		パニック障害	・認知行動療法

世の中に受け入れられるためには，しっかり研究をして，何が役に立つのかということを説明していかなければなりません。そしてそれを採用していかなければなりません。

　ですから，ただ実践をしていればいいというわけではなく，実践から役に立つモデルを作っていくことが必要です。そして生成されたモデルに対して，今度は科学的にモデルの検証，**効果研究**[07]を行ないます。

07 効果研究　介入に効果があるか否かを明らかにすること。介入を行なう群（実験群）と介入を行なわない群（対照群）を比較することで介入効果を明らかにするランダム化比較試験が代表的。

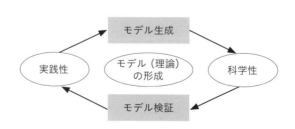

図 3-6　臨床実践と科学研究の相互関連

このモデルの特徴：循環性（実践⇔研究，実践性⇔科学性，記述⇔評価）

こうして相互に支え合う実践性と科学性が，心理職の専門性を高めるとともに，活動の根拠となります。心理職はこのような精錬を繰り返し，行政でも取り入れられ，多くの国民に利用される専門職になっていくのです。臨床心理学のモデルや理論がこのように形成されていくということになるわけですが，日本ではなかなかこれが進んでいないのが現状です。

3 臨床心理学の基本的な考え方

　私たち心理職は国家資格になり，さらに社会に認められる専門職になるためには，臨床心理学をしっかり学んで，基本的な考え方を身につけていかなければいけないだろうと思います。

　臨床心理学の基本的な考え方を図 3-7 にまとめました。

　まず必要なことは**価値を変更する**ことです。日本の臨床心理学の背景には，これまで紹介してきたように，日本独自の臨床心理学の歴史や考え方があります。たとえば，実際は心理臨床学と言われていたり，「私たち心理臨床家は」とか「心理臨床の実践は」と言う方が多くなっています。しかし，これからは，学派の理論に価値を置く考えや態度から離れて社会の説明責任に価値を置いていくべきだと思います。「○○先生に学んだから」「○○先生のお弟子さんだから」ではなく，社会への説明責任を果たせる専門職でありたい。公認心理師は，利用者に対して役立つ根拠を示すことができる専門職であるべきです。

　そのためには，**研究を重視する**ことが大事です。そして，効果研究の結果による，学問や活動の再構築が必要になってきます。具体的に目指すのは，どの問題にはどの**方法**が役に立つのかを明確にすることです。これは当たり前の話です。もし，皆さんがお腹が痛いときに，病院に行って出

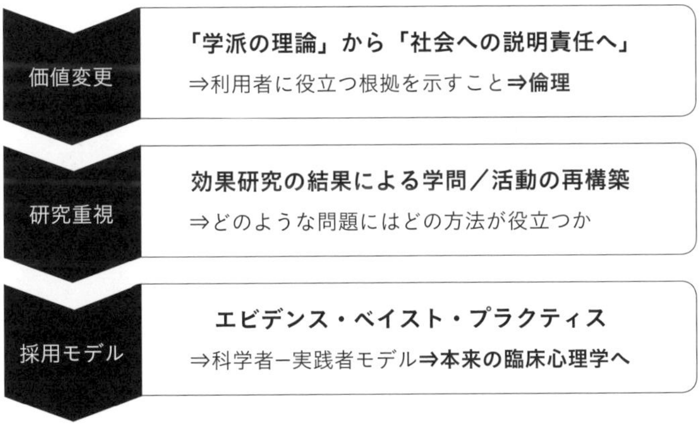

価値変更	**「学派の理論」から「社会への説明責任へ」** ⇒利用者に役立つ根拠を示すこと⇒倫理
研究重視	**効果研究の結果による学問／活動の再構築** ⇒どのような問題にはどの方法が役立つか
採用モデル	**エビデンス・ベイスト・プラクティス** ⇒科学者−実践者モデル⇒**本来の臨床心理学へ**

図 3-7　臨床心理学の基本的考え方

された薬が頭痛の薬だったとします。「なぜ先生，頭痛の薬ですか」「だって僕は，この頭痛の薬が好きだもん」と言われても，それは困ったことになります。でも日本では，そういうことが起きてしまっているわけです。

　そして，**エビデンス・ベイスト・プラクティスを採用モデルとすること**が重要になります。科学者－実践者モデルについて，少なくとも心理職は科学者そのものである必要はないですが，実践者として科学者をリスペクトすると同時に，科学の成果をしっかり取り入れていくという姿勢が大事です。学派の偉い先生のほうばかり見ているというのは望ましくありません。

　価値を変更して，利用者に役立つ根拠を示すことは，**倫理**にもかかわります。科学者－実践者モデルの採用は，いわゆる**本来の臨床心理学**，海外で言われる臨床心理学になっていくことにつながるわけです。

まとめ

・公認心理師は，利用者に対して役立つ根拠を示すことができる専門職となるべきである。
・効果研究によって，どのような問題にはどのような方法が役に立つのかを明確にすることが求められる。
・科学者－実践者モデルに基づいて，エビデンス・ベイスト・プラクティスを採用モデルとすることが求められる。

4 社会に実践を位置づける専門活動

1 公認心理師の権利と義務

次に「社会に実践を位置づける専門活動」についてお伝えしていきます。国家資格・公認心理師の誕生により，医療現場で保険適用がなされるかもしれません。しかし，国家資格になったということは，単に喜ばしかったり，楽になることばかりではありません。

ポイント1　公認心理師の権利と義務

・権利：名称独占
　▶正式な専門職としての社会認知（←公認）
　▶社会制度における公式な役割付与

・義務：関連する法律遵守
　▶社会政策の中で役割遂行⇒多職種協働
　▶役割遂行ための専門性の維持向上⇒専門活動⇒教育訓練
　▶社会に対する説明責任⇒研究活動

まず権利として，公認心理師は**名称独占資格**[01]になりますから，正式な専門職ということで，社会的認知が進みます。まさに「公に認められる」という言葉どおりの「公認」になります。それと同時に社会制度における公式な役割付与がされますから，たとえば医療制度の中で正式な職位が与えられ，給料体系が変わる可能性があります。今までは，医療現場で働く心理士が，事務職として扱われることもありました。今後，公認心理師に対して新しい給料体系や権利が与えられるとすれば，それは非常に望ましいことと言えます。

しかし，権利を与えられるということは，同時に当然義務も発生します。関連する法律を遵守しなければならないのです。

また，心理職の方の中には，これまで面接室の中で「箱庭が好きだから箱庭をやっている」と言っていられた部分があると思います。しかし，こ

講義メモ

01 名称独占資格　国家資格は，有資格者だけがその業務を独占する業務独占資格と，有資格者だけがその名称を名乗ることを独占する名称独占資格の2つに分けられる。

公認心理師は名称独占資格であるため，公認心理師ではない者は「公認心理師」あるいは「心理師」と名乗ってはならない。

れからは社会政策の中で役割を遂行していかなければいけません。厚生労働省は，これからはチームで支援する，**チーム医療**[02] であると言っています。社会政策の中で，多くの他職種と協働してチームで活動しなければならないわけです。

そのためには，役割遂行のための専門性の維持向上をしていかなければなりません。そして，専門活動ができるための教育訓練をしていかなければなりません。「大学で先生ごとに言うことが違う」「教えられることがばらばらだ」ということが，教育訓練で許されるのでしょうか。決して許されません。国家資格として習得すべき内容は統一されるべきです。

また，社会に対する**説明責任**も重要です。心理職の活動が本当に役に立っているのか，エビデンスを明らかにすることが求められます。説明責任を果たさないと，心理職は社会から評価されないでしょう。国家資格になるということは，このような義務を果たすことでもあるのです。

2 社会で役立つ臨床心理学：専門活動へ

近年，心理職が新たに対応することが必要な問題が起きており，心理職に対する社会的な要請は多く，ニーズが高くなっています。たとえばスクールカウンセラーは，いじめ問題への対応として採用されました。また震災被害者の心のケア，それから高齢者への心理支援，HIV 患者の心理支援，DV や虐待などの被害者の支援，子育て支援，それから今，大きなテーマになっている発達障害支援，次々に新しいテーマが出て，心理的な支援というものが必要になってきているわけです。

ポイント2 心理職に対する社会的な要請の高まり

・時代の変化とともに，従来にはなかったさまざまな問題に対応するよう社会的要請が高まった
▶いじめ問題への対応（スクールカウンセラー）
▶震災被害者の心のケア
▶高齢者への心理的支援
▶HIV 患者への心理的支援
▶DV や虐待などの被害者の支援
▶子育て支援
▶発達障害支援

このような問題に対して，心理職の活動がどのように役に立つのでしょ

うか。実践活動も大事ですが，市民がその有効性を享受するようなシステムになっていないといけません。「私たちは役に立つことをしている」と言っているだけでは，私たちの活動は完結しないのです。

　そのためには，**専門活動**というものが必要になってきます。ここで言う専門活動とは「公認心理師が社会に貢献するために，実践活動を社会システムの中に組み込み，市民が利用しやすい体制を整える活動」のことです。「私は面接室の中でお待ちしています」と言うだけではなく，社会に対して貢献できる活動をしていかなければなりません。このようなコミュニティに向けた活動が，非常に重要になってきます。

　ところが，日本の心理臨床学は，個人心理療法が大きな目標になっています。フロイトとかユングの時代は，プライベートプラクティスといって，高いお金を払って相談に来る特定の人たちが対象であったわけで，それが未だに活動モデルになっています。公認心理師はそういうものではありません。公認心理師は国民・市民のものですから，コミュニティの中で活用できなければならないのです。

> **講義メモ**
>
> **03 専門活動**　本講義の「専門活動」の定義においては，たとえ高度な専門性を兼ね備えた者の活動でも，その活動が社会システムの中に組み込まれておらず，市民が利用できるものでなければ，専門活動とは呼ばない。

3　コミュニティ活動の発想

　図4-1をご覧ください。

　今までは，個人を対象に心理療法を行ない，専門家が中心となって，病気や障害に注目し，ある意味ではパターン化されたやり方で，「相談に来た人を面接をする」という単一のサービスとなっていました。しかも，多くの場合は専門家が1人で抱え込んで対応していました。

　それに対して，これからは，集団やシステム，地域というものを対象にした活動も拡げていかなければいけません。また，問題が起きてからでは

	個人心理療法だけでない活動の広がり →	
◆個人を対象 ◆治療（心理療法） ◆専門家中心の責任性 ◆病気や障害に注目 ◆パターン化した介入 ◆単一のサービス ◆1人で抱え込み ◆専門家のみ		◆集団，システム，地域 ◆予防，教育，ケア ◆地域中心の責任性 ◆生活や生き方 ◆創造的なサービス ◆多面・総合的サービス ◆ケア・ネットワーク作り ◆非専門家との協働

図4-1　コミュニティ活動の発想

なく，問題が起こらないように，予防や教育，ケアなどさまざまなことをしていく必要があります。専門家中心の責任性ではなく，地域中心の責任性をもとに，地域でしっかりと対策を練っていく必要があります。病気や障害だけではなく，**QOL**[04]を高めるために生活や生き方を大事にしていきます。クライエントが相談に来たら，初回面接をして，転移・逆転移を見て……などという決まったパターンではなくて，ケースごとに異なった創造的かつ多面的，総合的なサービスを進めます。そしてケアのネットワークを地域の中に作っていき，家族や，地域の人々，ボランティアといった非専門家と協働するような活動を進める必要があります。

このような個人心理療法ではない広い意味での専門活動を，私たちは十分に技術として，スキルとして身につけてきたか，そしてそれを教えてきたかということが今問われています。

図 4-2 のように，今は医療・看護職，心理職，教育職，福祉職，行政職等の**コラボレーション**（協働）[05]によるチーム支援の時代です。生物学的なところは，医療職や看護職，社会的なところは福祉職，教育職，行政職が行なっています。心理職はもちろん，心理の部分にかかわるわけですが，同時に社会的な面も参画しなければいけませんし，社会的な専門職と協力もしなければいけません。同時に生物学的なこともわかっていて，生物学的な治療法を理解したうえで，医療職と一緒に問題解決に使っていかなければなりません。多職種と協働して問題行動にアプローチしていく時代になっているのです。

講義メモ

04 QOL　Quality of Lifeの略称。生活の質と訳される。物質的な豊かさだけでなく，精神的な豊かさや，自立し主体的な生活が可能であるかなどを含めた総合的な概念である。

講義メモ

05 コラボレーション　異なる専門分野をもつ者たちが共通の目標の達成に向けて，対等な立場で対話しながら活動を進めていく協働のことを指す。

講義メモ

06 生物－心理－社会モデル　生物学的要因，心理学的要因，社会学的要因の３つの側面から，クライエントを総合的に，多角的に理解するモデルのこと。

生物学的要因は主に医療職・看護職が，社会学的側面は主に福祉職・行政職・教育職が，心理学的要因は心理職がかかわるなど，他職種協働モデルの前提となっている。

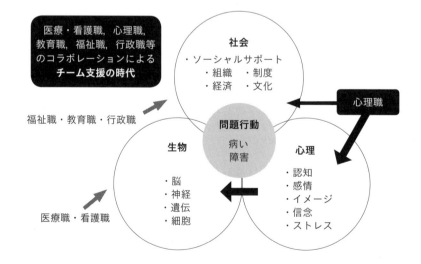

図 4-2　生物－心理－社会モデル[06]**に基づく他職種チームへ**

まとめ

・専門活動とは，公認心理師が社会に貢献するために，実践活動を社会システムの中に組み込み，市民が利用しやすい体制を整える活動のこと。
・現代は医療・看護職，心理職，教育職，福祉職，行政職等のコラボレーションによるチーム支援の時代になってきており，多職種と協働して問題行動にアプローチすることが求められている。

「心理臨床学」から「臨床心理学」へ

1 これからの心理専門職の課題

これからの心理専門職の課題を以下に整理します。

> **ポイント1** これからの心理専門職の課題
>
> ・臨床心理学の実践活動は心理療法だけではないことを理解すること
> ・科学的に有効性が実証されている実践活動を，先行研究をもとに把握すること。さらに，自身の実践活動の有効性を科学的に研究すること
> ・社会が心理職の実践活動を安心して利用できるよう，倫理や教育システムなどの整備を行なうこと

　これらの課題を解決するためには，まず臨床心理学をしっかりと定義づけ，その定義に基づいて活動する専門職を，少しでも増やしていくことが必要になります。

2 臨床心理学の定義

アメリカ心理学会における臨床心理学の定義は以下のとおりです。

> 「科学，理論，実践を統合して，人間の行動の適応調整や人格的成長を促進するとともに，不適応，障害，苦悩の成り立ちを研究し，問題を予測し，そして問題を軽減，解消することを目指す学問である」

　これを読むと，何かいろいろなことが書いてあってわかりにくいと思われるかもしれません。確かにここには，これまで申し上げたことが要約して詰まっていると言えます。ポイントとしては，まず**実践性**が大事です。

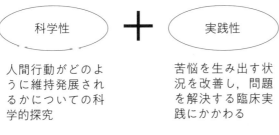

図 5-1　科学者－実践者モデル

苦悩を生み出す状況を改善し，問題を解決する臨床実践にかかわることは言うまでもありません。しかし，それにプラスして**科学性**も大事です。人間行動がどのように維持，発展されるかについての科学的探究という視点を大事にすること，これが「**科学者－実践者モデル**」に当たるわけです（図5-1）。

　ですから，臨床心理学の課題としましては，「**科学者－実践者モデル**」，それから「**エビデンス・ベイスト・プラクティス**」「**生物－心理－社会モデル**」[01]「**多職種協働モデル**」が重要になってきます。そして新しい専門職モデルの形成と，それに基づいたカリキュラム，養成システムの構築が欠かせないものとなります。

ポイント2　臨床心理学の定義

・科学者－実践者モデル
・エビデンス・ベイスト・プラクティス
・生物－心理－社会モデル
・多職種協働モデル

▶新しい専門職モデルの形成と，それに基づくカリキュラム，そして養成システムの構築

3　「心理臨床学」から「臨床心理学」へ

　今までの日本の心理職のあり方は「心理臨床学」中心でした。心理臨床学は，心理療法学派の集合体です。心理臨床学の主な実習の場は，心理教育相談室という，実生活と切り離された，あるいは地域から切り離された，大学内の個室での実践が中心になっています。しかし，今後はこれを「臨

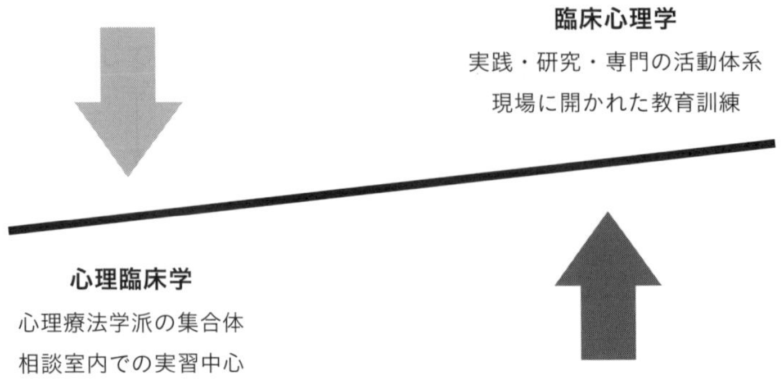

臨床心理学
実践・研究・専門の活動体系
現場に開かれた教育訓練

心理臨床学
心理療法学派の集合体
相談室内での実習中心

図 5-2　心理臨床学から臨床心理学へ

床心理学」として，実践や研究の活動体系をもう一度しっかり作り直し，現場に開かれた教育訓練をしていくシステムを構築していかなければなりません。

　ところが，公認心理師の訓練システムやカリキュラムの議論の中に，こういうものが明確に示されているかというと，あまりそういうふうには思えません。公認心理師ができたからといって，臨床心理学が発展するかといったら，単純にそういうわけではありません。そのようなこともあって，この臨床心理学の教育訓練をどのようにしていったらいいかということは，今後検討しなければならない重要なテーマであると考えています。

まとめ

- ・科学者−実践者モデル，エビデンス・ベイスト・プラクティス，生物−心理−社会モデル，多職種協働モデルに基づく臨床心理学の活動モデルの再構築が必要とされている。
- ・実践・研究・専門の活動体系として，現場に開かれた教育訓練を行なう臨床心理学の養成カリキュラムが必要とされている。

6 臨床心理学のカリキュラム

1 心理職の専門性とは？

　たとえば，心理職が一緒に協働する医療職は，生物学的なパラダイムやモデルに基づいて，薬物療法ができます。また，手術をするという技術をもっているわけで，基本的には生物学的な技術をもって，専門性を維持しているわけです。

　では，私たち心理職の専門性は何でしょうか。皆さんは，考えたことはありますか。他の専門職にはできないことがあるからこそ心理職という専門職ができたわけです。自分たちの専門性，他の専門職にはない専門性は何でしょうか。そこからまず見直さなければいけません。

2 コミュニケーションの技能

　私は，コミュニケーションの技能が心理職のとても重要な技能であると思います。ですので，そのコミュニケーション技能をしっかり学び，そしてその技術を使いこなせるように身につけるということが必要となります。

　しかし，コミュニケーション技能は，単純なものではありません。コミュ

社会的関係を形成するコミュニケーション
社会連携，協働，チームワーク，リーダシップ……

介入のためのコミュニケーション
行動療法，認知療法，精神分析，家族システム介入法……

アセスメントのためのコミュニケーション
アセスメントからケース・フォーミュレーション

協働関係を形成するコミュニケーション
カウンセリングの基本技能

図 6-1　さまざまなコミュニケーション技能

ニケーションが上手な方は世の中に大勢います。私は詳しくは知りませんが，クラブやキャバレーのお姉さんは，非常にコミュニケーションが上手とのことです。ただし，そのコミュニケーションの技（わざ）を私たちが学べばいいかというと，そうではないと思います。

　心理職としてのコミュニケーション技能をどう学んでいくかを考えてみましょう。図 6-1 をご覧ください。

　まず**協働関係を形成するコミュニケーション**があります。これはカウンセリングの基本技能です。ですからカウンセリングというものを，私たちはまずしっかりと学ばなければなりません。しかし，それで十分というわけではありません。

　次に，**アセスメント**[01]**のためのコミュニケーション**があります。アセスメントをしていくというのは，臨床心理学の一つの特徴です。アセスメントによって得た情報に基づき，ケース・フォーミュレーション[02]を行ないます。

　ケース・フォーミュレーションによって問題の成り立ちが理解できたならば，次にその理解に基づいて，有効性のある介入をしていきます。そこで，**介入のためのコミュニケーション**が必要になります。たとえば 3 章で取り上げたパニック発作を示す患者の事例の場合は，行動療法や認知療法が役に立ち，それを活用するためのコミュニケーション技能が必要になります。もし家族が大混乱に陥っているならば，当然家族システムに介入する家族療法のコミュニケーション技能ができなければなりません。地域の問題であれば，コンサルテーション[03]をするコミュニケーション技能が必要になってくるわけです。

講義メモ

01 アセスメント　観察・面接・心理検査を通じて，クライエントの全体像を把握すること。アセスメントによる理解があって初めて，適切な介入方法を選択することが可能となる。

02 ケース・フォーミュレーション　刺激に対する反応を「認知」「感情」「身体」「行動」の 4 つに分けて理解することで，問題を形成する悪循環を明らかにすること。主に認知行動療法において用いられる。

03 コンサルテーション　心理的な問題に直面している他の専門家に対し，心理専門職が心理学的な知識や技術を伝えることで，他の専門家の活動を支援すること。地域支援の代表的な技法の一つ。

　これら介入のためのコミュニケーション技能を身につけたうえで，さらに**社会的関係を形成するコミュニケーション**が必要になります。つまり臨床心理学の活動をその社会の中に位置づけていかなければなりません。社会的連携や協働，チームワーク，リーダーシップということが必要になるわけです。たとえば，医療領域では，医者と協働しなければならないだけでなく，看護師に上手に問題を説明する能力も必要になります。こういうコミュニケーションを遂行する技能が重要になってきます。

3　心理職の実践技能体系

　コミュニケーションが上手にできたとしても，それだけでは不十分です。次は，コミュニケーション技能をどのように使って，何を目指すかが重要となります。たとえば車の運転で言えば，運転が上手にできても，どこに行くかが決まらなければ，何の意味もありません。図6-2をご覧ください。
　コミュニケーション技能を身につけたうえで，**ケースマネジメント**[04]の技能が必要になります。アセスメントに基づきケース・フォーミュレーションを行ない，明らかになった問題に対して心理療法をやるのか，あるいは危機介入[05]をするのか，あるいは心理教育[06]でいいのか，どこかにリファー[07]するのか，あるいはデイケア[08]として日常生活をサポートしていくのかということを判断します。このように，ケースをマネジメントしていく技能が必要になります。
　さらに，社会の中で認められるための，**システムオーガニゼーション**[09]

講義メモ

04 ケースマネジメント　心理支援を必要とする人々に対し，最も効果的で効率的な支援を選択し，提供すること。

05 危機介入　事故，災害，犯罪などにより危機状態に陥っている人や集団，コミュニティに対し，危機からの回復を援助するため迅速かつ集中的になされる活動のこと。状況によっては指示的にかかわることも求められる。

06 心理教育　心理的な問題についての知識や情報を伝達すること。ストレスへの対処方法や，対人スキルを教えることも含む。主体的な問題の受容や対処技術の向上が期待される。

07 リファー　他の適切な治療機関にクライエントを紹介すること。たとえば重篤なうつ状態にあり薬物療法が必要な場合は精神科を紹介する。

08 デイケア　心理的な問題などにより社会生活が困難になっている者に対し，昼の時間帯でさまざまなグループ活動に参加することで，社会復帰に向けた生活習慣を形成したり体力・作業能力を維持・向上することを目指す。

09 システムオーガニゼーション　他の専門家と効果的に連携し，心理職の活動を社会的に組織化していく技能のこと。

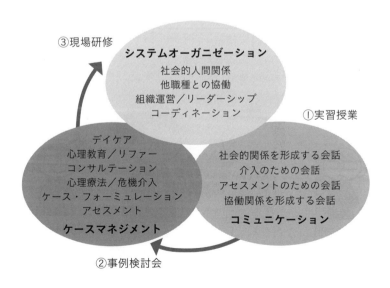

図6-2　心理職の実践技能体系

の技能が必要になります。たとえば，行政の担当者が「この問題に関しては，この心理職のメンバーに任せよう。ここの相談室にお願いしよう」とか「この病院の心理チームに任せよう」となるためには，心理職の活動を社会システムに位置づける，システムオーガニゼーションの技能が必要になります。そのために心理職は，社会的人間関係を作り，多職種と協働をし，組織運営ができる専門職となる必要があります。ただ面接室の中でお話を聞いていればいいわけではないのです。これからはチームで支援を行なう場面が増えますから，多職種チームの中で他職に付いて行くだけではなく，場合によってはリーダーシップを取ることも必要です。すでに外国では，心理職がリーダーシップを取っていることも多いのです。そのようにリーダーシップを取ったり，上手にコーディネーション[10]を行なう能力も必要になってきます。

　コミュニケーションに関する基本的なところはしっかり大学の授業で学ぶ。ケースマネジメントは事例検討会で，いろいろなケースを自分で出したり，聞いたりしながら学んでいく。そして現場研修の中で，自分たちの活動をシステムの中にどう展開するのか，どう位置づけるのかということを身につけていく。こういう教育訓練が重要になってきます。

4　臨床心理学の全体構造

　これまでお伝えしてきたことを，臨床心理学の全体構造として整理します。図6-3をご覧ください。

　まず**実践活動**が核にあります。実践活動というのは，アセスメントをし，

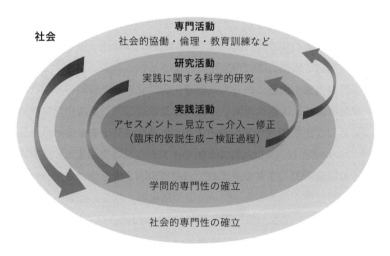

図 6-3　臨床心理学の全体構造

ケース・フォーミュレーション（見立て）を形成し，介入をしていきます。そして，その介入の効果が見られずに，役に立っていなければ，それを修正していく。このようにして役立つ介入方法のモデルを見つけていくのが実践活動です。

　そして，実践活動で見いだされてきた有効な介入方法のモデルを確認し，その有効性を実証していくのが**研究活動**です。したがって研究活動は実践活動の外側にあります。実践活動によって生成されたモデルを科学的に研究し，検証することで臨床心理学の学問的専門性を確立していきます。これは心理職だけが行なうわけではなく，いわゆるアカデミックな心理学者と協働して進めていくことも当然あります。統計の専門家と組まなければならない場面もあるでしょう。

　さらに，研究によって明らかになった学問的専門性を社会にしっかりと伝え，そして他の専門職と協働するという**専門活動**が必要になります。この専門活動によって社会的な専門性が確立して，心理職は社会から評価される専門職になるわけです。

　心理職が国家資格になったからといって，自然にこのような活動ができるわけではありません。努力しなければなりません。また残念ながら，その環境が今，整っているとは言えません。

5　段階的教育カリキュラム

　前節で取り上げた臨床心理学の構造を担う心理職の養成には，教育訓練を段階的に進めることが必要になります。図 6-4 をご覧ください。

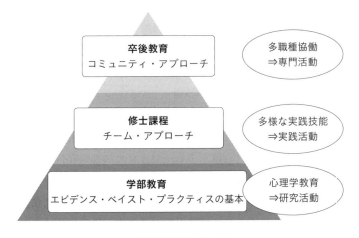

図 6-4　段階的教育カリキュラム

　まず**学部教育**では，エビデンス・ベイスト・プラクティスの考え方を学びます。データに基づいて，本当に役立っているかどうかを見る科学的な視点を，学部でしっかり学ばなければなりません。それから**修士課程**では，チームを組んで，役立つ実践ができるという技能を学んでいかなければなりません。修士を出た後の**卒後教育**は，今度は各地域・各領域で，病院なら病院，あるいは学校なら学校というコミュニティの中で，しっかり活動ができる技能を身につけていかなければなりません。

　つまり，学部のときには心理学をしっかり学び，研究活動ができるようになること。修士課程では多様な実践技能を身につけられること。最終的に卒後教育の中で，各領域において多職種協働の専門活動ができること。こういうことを段階的に学んでいくことが必要となります。

　日本では，臨床心理学を全体的・体系的に伝えている本がまだまだ少ない状況です。私が大学で教え始めたときは，このような本は皆無でした。ほとんどが精神分析の技法論，あるいはカウンセリングの理念を強調する本ばかりで，臨床心理学の教科書は，本来の臨床心理学の教科書ではなくて，「カウンセリング・心理療法＝臨床心理学」という誤った理解に基づいていたわけです。それが少しずつ変わってきて，臨床心理学を学ぶという意識で書かれた本も出てきています。たとえば，『臨床心理学をまなぶ（全7巻）』（東京大学出版会）があります。

ポイント1　　**推薦図書**

・『臨床心理学をまなぶ（全7巻）』東京大学出版会
　1巻　これからの臨床心理学　下山晴彦（2010）
　2巻　実践の基本　下山晴彦（2014）
　3巻　アセスメントから介入へ　松見淳子（未刊）
　4巻　統合的介入法　平木典子（2010）
　5巻　コミュニティ・アプローチ　高畠克子（2011）
　6巻　質的研究法　能智正博（2011）
　7巻　量的研究法　南風原朝和（2011）

　以上のように臨床心理学というものを改めて定義し直して，私たちが目指すものを作っていかなければ，専門職として社会から評価をされないだろうと思います。

　もちろん心理臨床学に基づく，臨床心理士として活躍されている皆さんがすべて，今回紹介した臨床心理学を行なう必要はなく「私はカウンセラーがいい」という方もおられると思います。それから「私はやはりユングがいい。河合先生が大好き」という方は本当に箱庭療法，精神分析を大事に

すればよいと思います。

　しかし，社会的な専門職として，しかも臨床心理学というものをしっかりと学びたいということであれば，今日お話ししたような研究活動や専門活動というものを展開していくということが必要になります。そのための教育訓練カリキュラムというものを改めて作っていく必要があるだろうと思います。公認心理師の中に臨床心理学ができる人たちがある程度いないと，学問や活動の専門性が十分に担保されないと考え，今回の講義をさせていただきました。以上で本講義を終わります。

　　ま と め

・公認心理師が社会から評価される専門職になるためには，臨床心理学を定義
　し直し，研究活動や専門活動を展開するための教育訓練カリキュラムを再構
　築する必要がある。
・学部教育で研究活動を，修士課程で実践活動を，卒後教育で専門活動をそれ
　ぞれ学ぶ段階的教育カリキュラムが求められている。

確 認 問 題
TEST 1

以下の文章について，正しい文章には○，正しいとは言えない文章には×をつけなさい。

(1) 子どもたちの抑うつやいじめ，引きこもりや自殺などの問題は，現代の日本人のストレスに対する脆弱性など個人の問題と言える。　　　　　（　　　　　）

(2) 日本臨床心理学会が中心になって，心理職の国家資格が誕生した。（　　　　　）

(3) 日本心理臨床学会が中心となって，日本臨床心理士資格認定協会が設立され，臨床心理士の資格審査が始まった。　　　　　　　　　　　　（　　　　　）

(4) 2資格1法案とは，臨床心理士と公認心理師の両方を1つの法案で扱うことである。　　　　　　　　　　　　　　　　　　　　　　　　　　（　　　　　）

(5) 臨床心理学は，「実証性」と「専門性」を重視する。　　　　　（　　　　　）

(6) 心理療法の効果を研究し，効果が認められたものを実践で採用していくことを，エビデンス・ベイスト・プラクティスと言う。　　　　　　　（　　　　　）

(7) 公認心理師ではない者が「公認心理師」と名乗ってはならないが，「心理師」と名乗ることについては問題ない。　　　　　　　　　　　　　　（　　　　　）

(8) 専門職が社会に貢献するために，実践活動を社会システムの中に組み込み，市民が利用しやすい体制を整える活動のことを，専門活動と言う。　（　　　　　）

(9) 生物−心理−社会モデルに基づき，心理職は心理の専門家として心理面に特化して問題行動の理解に努めるべきである。　　　　　　　　　　（　　　　　）

(10) アセスメントに基づきケース・フォーミュレーションを行ない，明らかになった問題に対してどのように介入していくべきかを判断する技能のことを，システムオーガニゼーションの技能と言う。　　　　　　　　　　　　　（　　　　　）

TEST 2

次の文章は，公認心理師法第2条で定められた公認心理師の4つの業務に関するものである。空欄に当てはまる語を答えなさい。

(1) 心理に関する支援を要する者の心理状態を（　①　）し，その結果を（　②　）すること。

(2) 心理に関する支援を要する者に対し，その心理に関する（　③　）に応じ，（　④　），（　⑤　）その他の援助を行うこと。

(3) 心理に関する支援を要する者の（　⑥　）に対し，その（　③　）に応じ，（　④　），（　⑤　）その他の援助を行うこと。

(4)（　⑦　）に関する知識の普及を図るための（　⑧　）及び情報の提供を行うこと。

確　認　問　題
TEST 3

以下の図は，心理職の「生まれ」と「育ち」をまとめたものである。空欄に当てはまる人名を答えなさい。

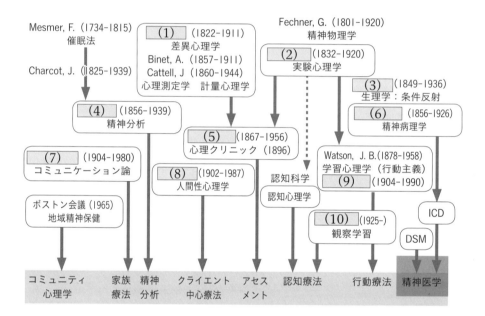

確 認 問 題
TEST 4

以下の問いに答えなさい。

(1) 他の国家資格に対して，心理職の国家資格化は難航した。なぜ心理職の国家資格化が難しかったのか，その理由について論じなさい。

(2) 臨床心理学と心理療法，カウンセリングの違いについて，差異を明確にして述べなさい。

(3) なぜ臨床心理学において，研究を重視することが必要なのか，論じなさい。

(4) コミュニティの中で行なわれる心理職の専門活動について，個人を対象とした活動と比較しながら説明しなさい。

(5) 心理職が専門家として求められるコミュニケーションの技能としてどのようなものがあるか，論じなさい。

(6) 公認心理師が社会から評価される専門職になるためには，臨床心理学を定義し直し，研究活動や専門活動を展開するための教育訓練カリキュラムを再構築する必要がある。そこで，学部教育・修士課程・卒後教育のそれぞれで，どのような教育訓練が求められているか，簡潔に論じなさい。

解答例

TEST 1

(1)　×　単に個人の問題ではなく，社会的な問題である。

(2)　×　公認心理師の誕生に中心的な役割を果たしたのは日本臨床心理学会ではない。

(3)　○

(4)　×　公認心理師ではなく医療心理師。なお，最終的に関係者の合意ができず，2資格1法案は国会で成立しなかった。

(5)　○

(6)　○

(7)　×　公認心理師ではない者が「心理師」という名称を用いた場合，公認心理師法に基づき30万円以下の罰金となる。

(8)　○

(9)　×　心理面だけでなく，生物学的な面や社会学的な面も含めて，他職種と協働して問題行動の理解に努めるべきである。

(10)　×　システムオーガニゼーションではなく，ケースマネジメントの能力である。

TEST 2

(1)　①観察，②分析

(2)　③相談，④助言，⑤指導　（④・⑤は順不同）

(3)　⑥関係者，③相談，④助言，⑤指導　（④・⑤は順不同）

(4)　⑦心の健康，⑧教育

TEST 3

(1)　ゴールトン（Galton, F.）

(2)　ヴント（Wundt, W.）

(3)　パブロフ（Pavlov, I.）

(4)　フロイト（Freud, S.）

(5)　ウィトマー（Witmer, L.）

(6)　クレペリン（Kraepelin, E.）

(7)　ベイトソン（Bateson, G.）

(8)　ロジャース（Rogers, C.）

(9)　スキナー（Skinner, B.）

(10)　バンデューラ（Bandura, A.）

TEST 4

(1)　国家資格化のためには，職能集団が一つにまとまることが求められる。だが臨床心理学は，フロイトから始まる無意識に注目する精神分析，パブロフやスキナーの学習理論を背景とする行動療法，ロジャースらの人間の主体性を重視する人間性心理学など多くの理論的背景が存在し，学派ごとに異なる見解を示している。また，実践活動に従事する心理職とアカデミックな心理学研究をする心理学者との間にも対立があった。さらに心理関係者と精神医療関係者の間で対立があった。

　このように心理職ごとに依拠する理論が異なり，さまざまな学派が乱立し，さらに関係者との間でも対立があったので，心理職として一つにまとまることは容易ではなかった。その結果，心理職の国家資格化が検討されては流れ，ということを繰り返してしまい，心理職の国家資格化は難航した。

(2)　臨床心理学は，事実によって証明でき，確実な証拠があるという「実証性」と，特定領域に関する高度な知識と経験があるという「専門性」が求められる。

　心理療法は，多くの場合，精神分析に代表される特定の学派の活動が重視される。また，学派の理論を習得し，学派の技法に特化した実践を発展させることが求められる。有効性が確認されている支援を選択するという「実証性」を重視する臨床心理学に対し，心理療法は「学派性」を重視する点で異なる。

　カウンセリングは，ロジャースが提唱した人間性を重視する活動として，心理学にこだわらない幅広い領域に開けた，人間の援助の総合学を目指している。心理学の専門家であり，高度な知識と経験を有している「専門性」を重視する臨床心理学に対し，カウンセリングではいかに人間的にかかわるかという「素人性」が重視されている点で異なる。

(3)　臨床心理学において研究が必要とされる理由は，大きく2つある。

　1つめはエビデンス・ベイスト・プラクティスのためである。心理実践において，効果が認められた支援方法を採用していくというエビデンス・ベイスト・プラクティスは，どのような支援方法に効果があるのか，という効果研究の存在が前提となっている。どの問題にはどの方法が役に立つのかを研究によって明確にすることで，クライエントに応じた支援が可能となる。

　　　2つめは，説明責任を果たすためである。臨床心理学や心理援助の活動が，本当に世の中に受け入れられるためには，しっかり研究をして，何が役に立つのかということを説明していく必要がある。効果が認められた支援方法を採用することは，心理職の専門活動の根拠と言える。心理職の活動が本当に役に立っているのかエビデンスを明らかにすることで，心理職が社会から評価され，社会システムの中に位置づけられることが可能となる。

(4)　　心理職の個人を対象にした活動においては，主に病気や障害を抱えた個人に注目し，比較的パターン化されたやり方で，「相談に来た人を面接をする」という単一のサービスで，かつ心理職が1人で抱え込んで対応をすることが多い。

　　　対して，コミュニティの中で行なわれる心理職の専門活動は，個人だけでなく集団やシステム，地域などを対象にする。また，問題が起きてからではなく，問題が起こらないように，予防や教育，ケアなども対象とする。さらに，心理職が1人で抱え込むのではなく，ケアのネットワークを地域の中に作っていき，専門家だけでなく，家族や，地域の人々，ボランティアといった非専門家とも協働するような活動を進めていく。その中で，病気や障害だけではなく，QOLを高めるための生活や生き方を大事にした支援を検討していく。結果として「相談に来て面接をする」というパターン化された活動ではなく，個々のケースごとに異なった創造的かつ多面的，総合的なサービスを進めていくことになる。

(5)　　心理職の専門家としてのコミュニケーションは，大きく分けて以下の4つがある。まず協働関係を形成するコミュニケーションで，これは，傾聴や共感といったカウンセリングの基本技能に基づくものである。次に，アセスメントのためのコミュニケーションがある。クライエントから情報を得て，ケース・フォーミュレーションを行なっていく。次に，介入のためのコミュニケーションがある。具体的には，行動療法や認知療法などを活用するためのスキルやコミュニケーションのことを指す。最後に，社会的関係を形成するコミュニケーションである。これは，臨床心理学の活動をその社会の中に位置づけていくためのコミュニケーションで，社会的連携や協働，チームワーク，リーダーシップを発揮するためのコミュニケーションとも言える。

(6)　　学部教育では，エビデンス・ベイスト・プラクティスの考え方を学ぶことが求められる。データに基づいて，心理実践・心理療法が本当に役立っているかどうかを見る科学的な視点を，学部でしっかり学んでいく必要がある。

　　　修士課程では，アセスメントと心理支援の技法をしっかり習得したうえで，チームを組んで，役立つ実践を行なうためのスキルを学ぶことが求められる。

　　　卒後教育では，今度はコミュニティの中で適切な活動ができるコミュニティ・アプローチの技術を身につけていく必要がある。つまり，自身の活動をコミュニティの中に位置づける専門活動ができるようになることが求められる。

PART 3

エビデンス・ベイスト・プラクティスの基本を学ぶ

利用者（クライエント）のニーズに応える心理支援サービスの世界標準であり，サービスの有効性を保証するために臨床心理職にとっては必須のテーマとなっているエビデンス・ベイスト・プラクティスとは何かを解説します。

講　義

原田隆之
筑波大学人間系　教授

0 はじめに：講義の概略

1. はじめに

||||||||||||||||||||||||||||||||||||||||||||||||

　皆さん，こんにちは。筑波大学の原田と申します。今日は「エビデンス・ベイスト・プラクティスの基本を学ぶ」ということでお話をさせていただきます。最近，皆さんの臨床の現場などで，**エビデンス**[01]という言葉をお聞きになることが増えたのではないでしょうか。私はここ10年ばかり，口を開けば，エビデンスと言い続けてきました。10年ぐらい前のころは，エビデンスと言うと「ちょっとあいつは変わり者だな」というようなことを言われたこともあるのですが，最近は随分状況が変わってきたように思います。

　そうは言っても一方で，なかなかエビデンスに対してしっくりこない方もおられるでしょう。また，エビデンスが重要だとわかっていても，まだ誤解があるということも，ままあるように思っています。そこで今日はエビデンス・ベイストについて，じっくりと基本からお話しさせていただきたいと考えています。

　本講義は，以下の4つの章で行なう予定です。

1. イントロダクション：ホメオパシーをめぐって
2. エビデンスとは何か？
3. 最善のエビデンス
4. これからの臨床のために

2. 各セクションの概要

|||||||||||||||||||||||||||||||||||||||||||||||||||||||||||||

　簡単に各章の内容のご紹介をします。

エビデンスは
大切です

データで人間が
わかるのか？

おしつけないで
ほしいな

🧑‍🦱 講義メモ

01 エビデンス　証拠，根拠，証明，検証結果。医療や心理臨床においては，その治療や診断などを選択するための科学的根拠，研究に基づく裏づけをいう。

まず第1章は「イントロダクション」です。なぜエビデンスが大事なのか。それからエビデンスを臨床に生かすということはどういうことなのか。逆にエビデンスに基づかない臨床というのはどのようなものか。それからエビデンスの力ということで，エビデンスを活用するとどのようなよいことがあるのか。逆にエビデンスを軽視するとどのような悲劇があったのか。イントロダクションでは，以上のようなことを具体例を交えてご説明したいと思っております。

第2章では，ちょっとかしこまって「**エビデンスとは何か？**」ということを紹介します。エビデンス・ベイストは，医療の分野からエビデンス・ベイスト・メディシン（Evidence-Based Medicine：EBM）[02]として始まりました。それを心理臨床を含む隣接領域にまで拡大したものがエビデンス・ベイスト・プラクティス（Evidence-Based Practice：EBP）です。そのEBMの定義は何か。そしてEBMの前提にはどのような考え方があるのか。臨床場面で，エビデンス・ベイスト[03]を実践していくためには何が必要なのか。私たちにどのようなスキルが必要になるのか。それらをご紹介したいと思います。それとやはりEBPには根強いいろいろな批判があり，その多くは誤解に基づいたものですので，批判に対する反論をこの章で試みたいと考えております。

第3章は「**最善のエビデンス**」について

紹介します。データであれば，何でもエビデンスとなるわけではありません。では，どのようなデータをエビデンスとすべきでしょうか。実際データの質には，ピンからキリまであります。そしてその質は，データが得られたもとになった研究デザイン[04]に依存します。たとえば事例研究や前後比較研究は，残念ながら質の高いエビデンスを提供しません。対して**ランダム化比較試験**やメタアナリシスといった研究デザインが，質の高いエビデンス供給源として非常に大事です。ちょっと難しい言葉も並びますが，できるだけ簡単にご説明をしたいと思います。

第4章では「**これからの臨床のために**」というテーマでお話をします。これまでにお伝えした内容をどうやって臨床に生かしていくかということを，これから求められる新しい臨床態度と古い臨床態度を比較しながら説明したいと思います。このとき，エビデンス・ベイストというものが，頭の中で「エビデンスは大事だな」と思うだけの理念的なものではなくて，実は私たちに毎日の臨床態度の変革を求めるものだ，という視点が重要になります。それはどのようなことなのか，ご説明したいと思っております。

以上の4つの章で，今から話を進めていきたいと思います。よろしくお願いいたします。

宮川 純（河合塾 KALS 講師）

02 エビデンス・ベイスト・メディシン（Evidence-Based Medicine：EBM）　エビデンスに基づく医療のこと。
03 エビデンス・ベイスト　エビデンス・ベイスト・メディシン（EBM）は医療の用語であり，心理学においてはエビデンス・ベイスト・プラクティス（EBP）と呼ばれる。本PARTでは，EBMとEBPを総称して「エビデンス・ベイスト」と表記している。
04 研究デザイン　研究の進め方のこと。研究の「方法」や「枠組み」と言い換えることもできる。

イントロダクション：ホメオパシーをめぐって

1　ホメオパシーとは

　本章のサブタイトルに「ホメオパシーをめぐって」と付けてみました。皆さん，**ホメオパシー**という用語をお聞きになったことはあるでしょうか。これはドイツで生まれた自然派の代替医療です。化学的な薬を使ったり，手術をしたりといった西洋医学に対して，ホメオパシーでは自然界にあるものを使って医療を進めます。

　ホメオパシーでちょっと変わっているのは，本来ならば毒であるようなものを使うことです。たとえばハチの毒とか，トリカブトの毒とか，水銀だとか，自然界にある毒と言われているようなものを使います。ただし，そのまま使ったら毒ですから，それを水で薄めます。その薄め方が尋常ではありません。信じられないぐらいまで希釈し，振盪[01]します。たとえばハチの毒があったとすると，それを1リットルの水に1滴を溶かしてものすごく振る。そうしたら今度は，またそこから1滴を取って，1リットルの水に加えてまた振る。またそこから1滴を取って……ということを何度も繰り返していくわけです。最後にできたものを，小さい砂糖玉みたいなものに浸して，それを薬として飲みます。それをホメオパシーでは「レメディ」と呼んでいます。もともとレメディとは癒しとか，薬とかという意味があることから，ホメオパシーで使う薬はレメディと呼ばれているようです。

講義メモ

01 振盪（しんとう）　激しく振り動かすこと（三省堂『大辞林』より）。

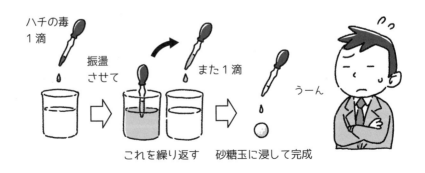

ハチの毒 1滴　振盪させて　また1滴　うーん　これを繰り返す　砂糖玉に浸して完成

> ポイント1　ホメオパシーとは
>
> ・ドイツ生まれの「自然派代替医療」
> ・本来なら「毒」であるようなものを信じられないくらいまで希釈・振盪した「レメディ」によって治療
> ・1,000,000,000,000,000,000,000,000,000,000,000,000,000,000,000,000,000,00,000……倍まで希釈
> ・西欧では，医師の4割がホメオパシーを用いている国もある

　最終的に何倍に希釈するかわからないぐらいまで薄めます。最後にできた水溶液を顕微鏡で見てみると，もはやもとの物質の分子すらないのだそうです。たとえば水銀を溶かしたとして，先ほどお伝えしたように何回も何回も薄めるため，最後にできたものを顕微鏡で見ても，そこにはもう水銀の分子1個すら入っていません。言ってみればただの水です。それが効くというわけです。

　なぜそれが効くのかというと，ホメオパシーを支持する人々によれば，水銀の分子は入っていないかもしれないけれども，一生懸命希釈したこと，そして振盪したことによって，「水銀が水に溶けていた記憶が残っている」のだそうです。だから単なる水ではなく，効くのだということです。

　日本でホメオパシーはそんなに一般的ではありません。ですから私たちはこの話を聞いて，本当に効くのかと疑問をもつわけです。しかしホメオパシーは，ヨーロッパでは医師の4割が使っているという非常にポピュラーな代替医療です。ですから薬局に行くと，このホメオパシーのレメディはよく売られています。大学の医学部でも教えられています。このように，ヨーロッパでは非常に一般的なものであるということです。

2　ホメオパシーの効果

　先ほど言いましたように，わが国でホメオパシーはそんなに一般的ではありませんが，一部助産師の間で人気がありました。小さな子どもや生まれたての赤ちゃんに西洋医学の薬を使うことは，副作用が怖いという考えがあったためです。そこでホメオパシーで治療を進めて，その結果よくなればいいのですが，中には亡くなってしまった子どもがいて，裁判になったことがありました[02]。それでもホメオパシーを薦めているような団体は，日本にも複数存在しています。こういった流れを受けて，日本学術会議の会長が異例の談話[03]を出して，ホメオパシーは効かないからやめなさいとい

講義メモ

02 ホメオパシーによる新生児の死亡事例　2009年10月16日，山口県宇部市の病院で，生後2か月の新生児がビタミンK欠乏性出血症と診断され死亡した。助産師がビタミンK2シロップを投与せず，ビタミンK2の代わりのレメディを投与したことが原因と考えられ，母親は，助産師を相手に，損害賠償請求訴訟を山口地方裁判所に起こした。12月21日，母親と助産師の間で和解が成立したが，和解内容については明らかにされていない。

03 日本学術会議会長の談話　2010年8月4日に発表された。全文は以下のページを参照（「日本学術会議」「ホメオパシー」で検索すると比較的見つけやすい）。
http://www.scj.go.jp/ja/info/kohyo/pdf/kohyo-21-d8.pdf

うことをおっしゃいました。このことが新聞でも大きく報じられたのです。

　ここで私たちが考えるべきことがあります。確かにホメオパシーはちょっと荒唐無稽だなとか，オカルトチックだなという考えを私ももつのですが，「荒唐無稽だから使ってはいけない」「そういうものは効かないに決まっている」と，最初から否定する態度は，科学的な態度ではありません。荒唐無稽なことを言うのは科学的ではないかもしれませんが，逆に「荒唐無稽でばかばかしい」と頭から否定するということも，実は科学的な態度ではないのです。

> **ポイント2　効果の検証**
>
> ・「荒唐無稽だから効かないに決まっている」という態度は科学的態度ではない
> ・科学は先入観を排して，何事にも開かれた態度をとる
> ・科学的に検証することが重要

　科学においては，そういった先入観をひとまず置いておいて，開かれた態度で物事に接するということが大事です。そのうえで科学的に検証する。本当に効くのだろうか，効かないのだろうか，害はないのだろうかということについて科学的な検証をする。これが科学的な態度です。

3　ランダム化比較試験

　ではどういうふうに検証をすればよいのでしょうか。ここで**ランダム化比較試験**を紹介します。Randomized Controlled Trial，この頭文字を取って，RCTと呼びます。ちょっと難しい言葉ですが，この後何度も出てきますから，このRCTという名前はよく覚えておいてください。

　RCTでは，次のように研究を進めます。

> **ポイント3　ランダム化比較試験（Randomized Controlled Trial: RCT）**
>
> ・効果を検証するために最も頑健な研究デザイン
> ・研究参加者をランダムに2群に割り振る

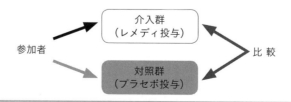

　RCT は効果を検証するための，一番頑健なデザインです。たとえば何の病気でもいいのですが，血圧が高い人にしましょうか。高血圧に対するホメオパシーの効果を見たいのであれば，まず患者さん 100 人に実験に参加していただいて，100 人の人たちをランダムに 2 つの群に分けます。くじ引きをしたり，サイコロを振ったり，ランダムに分けます。これが一番この研究の重要なところです[04]。

　2 つの群のうち，一方のグループを**介入群**と呼んで，ホメオパシーのレメディを飲んでいただきます。もう一方は**対照群**と呼び，プラセボ[05]を飲んでいただきましょう。単なる水を浸しただけの砂糖玉です。そして介入群のほうが，実際に血圧が下がるのかどうかを対照群と比較するという方法です。非常にシンプルですが，この RCT はよく薬の治験で使われています。

　実はすでにホメオパシーの RCT というのは山ほど行なわれていまして，残念ながら効果はないという研究がほとんどです。ですからホメオパシーは確かに問題ですが，荒唐無稽でばかばかしいから問題なのではなく，科学的なエビデンスがないから問題なのであり，効果がないのに用いている

講義メモ

04 ランダム化の重要性　たとえばレメディ投与を希望する人と希望しない人，という分け方をすると，レメディの効果に対する期待が結果に影響を及ぼす可能性が生じてしまう。
　結果，投与された群とされなかった群に有意差があったとしても，それがレメディの効果なのか，レメディに対する期待の効果なのか，確定することができなくなってしまう。
　よって RCT においては，レメディを投与されたか否か以外の要因を統制するために，ランダムに 2 群に分けることが求められる。

05 プラセボ　薬のような外見をしているが，まったく薬の効果をもたない偽薬のこと。

RCT の基本

介入群　　　　　　　　　対照群

レメディ投与　　比較　　プラセボ投与

この時，レメディかプラセボか以外はすべて均等である

介入希望者　　　　　　　介入非希望者

レメディ投与　　比較　　プラセボ投与

介入の効果なのか，介入に対する期待の効果なのか，特定できなくなってしまう

から問題なのです。

　効かないものを用いてしまって，先ほどの新生児のように亡くなってしまった，ちゃんとした薬がもらえないから亡くなってしまったということであれば，これは害と言えます。倫理上の問題がきわめて大きいわけです。さらに，時間やお金の無駄遣いにもなります。ですからホメオパシーは問題であると日本学術会議も否定したということだと思います。

　ただここで，もう一つ考えなければならないのは，このホメオパシーを使った医師や助産師は，何も赤ちゃんを殺そうと思ってやったわけではないということです。よかれと思って，やはり治したいと思って，最大限の良心からやったということは間違いがないと思うのです。ただそうは言ってもやはり専門家たるものが，効果があいまいなものとか，科学的にも根拠がないものを使ってそれで害をもたらしたということは，いくら善意の行動であったとしても，責任は帳消しにはできないと考えるべきだと思います。

ポイント4　ホメオパシーの問題

・荒唐無稽なのが問題ではなく，効果（科学的根拠＝エビデンス）がないことが問題
・ホメオパシーに頼って，効果のある医療を受ける機会を剥奪することになれば，害をもたらす
・倫理上，金銭上の問題
・医師は「よかれ」と思ってやっていても，これらの責任を帳消しにはできない

4　エビデンスに基づかない臨床活動

　ここで，今度は皆さんに質問です。

「あなたは，日頃の臨床活動において，「ホメオパシー」を行なっていませんか？」

　これは，日頃の臨床活動において砂糖玉を飲ませていませんか？　ということではありません。ホメオパシーは一つの比喩として，科学的な根拠があいまいなものとか，よくわからないものを臨床活動でやっていませんか？　ということです。これを私たちは一度胸に手を当てて，真摯に考えてみる必要があると思います。

　具体的にはこういう問いになります。

> **ポイント5**　　エビデンスに基づいた臨床活動を行なっていますか？
>
> ・科学的根拠（エビデンス）を欠いたアセスメントや介入を行なっ
> 　てはいないだろうか？
> ・「効果があるに決まっている」（思い込み，直観）
> ・「ずっとやってきた」（習慣，経験）
> ・「教科書に書いてあった」（権威）
> ・「この方法が好きだ」（好み）
>
> 　　　　　　　　　　↓
>
> ▶このようなものに基づいて臨床を行なってはならない

　科学的根拠（エビデンス）を欠いたアセスメントや介入を行なっていませんか？　たとえばデータはないのに「効果があるに決まっている」という思い込みや，これは効きそうだという直観で，何かの治療をやっていないでしょうか。あるいはもう「ずっとやってきたからいいんだ」「長年これに親しんでいるからいいんだ」という習慣や経験に基づいて治療を選んでいないでしょうか。

　あるいは「教科書に書いてあった」「偉い先生が言っていた」という権威に頼っていないでしょうか。実は教科書にも，間違ったことは山ほど書いてあるし，学会でもいい加減なことを言う人はたくさんいます。どんな偉い先生でも間違ったことを言うかもしれません。ですから権威に頼るというのも非常に危険な態度であると言えます。

　また，ポイント5の最後に書いてあるように「私はこの方法が好きなんだ，だからずっとこれで臨床をやっている」という好みに基づいた選択は，やはりエビデンスやデータに基づいていない，非常に主観的で，あいまいなものに基づいて臨床をやっていると言えます。こういったものに基づいて臨床を行なっているのであれば，先ほどのホメオパシーを笑えないと思います。非常に危険なことをやっているかもしれないわけです。

　個々のさまざまなアセスメントや介入法に対する批判は，今回は控えめにしようと思いますが1つ，2つ言ってみると，たとえば大多数の投影法[06]，日本で広く行なわれている箱庭療法[07]や力動的な心理療法[08]，パーソンセンタードアプローチ[09]などは，これまでの研究の蓄積によれば，ほとんどエビデンスが示されていません。これらの方法は，いくら長いこと実施されていても，どんな偉い先生が推奨していても，やはりきちんと効果を考えたうえで行なうべきかどうか考えてみる必要があるんじゃないかということです。

講義メモ

06 投影法　あいまいな刺激に対する自由な反応を求め，その反応に反映された主として無意識的な特徴を明らかにしようとする心理検査の総称。代表的な投影法にロールシャッハ・テストや描画法がある。

07 箱庭療法　ユング派のセラピストであるカルフによって創始された療法。クライエントは，砂の入った箱の中にフィギュアを並べ箱庭を作成することで，自己表現を行なう。日本においては河合隼雄によって紹介され，広く用いられている。

08 力動的な心理療法　精神分析を理論的背景として，意識と無意識の対立，抑圧された過去の経験などに注目して行なう心理支援の総称。

09 パーソンセンタードアプローチ　クライエント中心療法とほぼ同義。ロジャースによって創始された。彼は晩年，カウンセリングの技法を「クライエント」に限定せずに，広く万人に用いることを意図して，クライエント中心療法ではなく，パーソンセンタードアプローチと呼んだとされている。

5　エビデンスの力

エビデンス・ベイストというのは，そもそも「人間は間違う」という非常にシンプルな事実を前提にしています。人間であればどんな専門家であっても，偉い先生であっても，権威であっても，やはり間違うことはあります。そしてそれを正してくれるものがエビデンスなのです。思い込みや自分の好みで臨床を続けると，意図せずにクライエントに害をもたらすことがあるかもしれません。やはり往々にして目がくもってしまいます。ですから謙虚にデータと向き合って，本当に効果があるのかどうかを見ていくことが何より大切なのです。

たとえば先ほど紹介した RCT をやって，そのデータを見た結果「効果がある」という結果が出れば嬉しいのですが，往々にしてそうではない結果が出ることもあります。大事なことは，「効果なし」という結果になってしまったとしても，それを謙虚に受け止める姿勢です。「こんなデータなんていい加減だ」といった態度は，やはり謙虚さを欠いた態度ではないかと思うわけです。

ポイント 6　エビデンスの力（1）

・人間は間違いを犯すものである
・その誤りを正してくれるのがエビデンス
・主観や思い込みを排して，謙虚に「データ」と向き合う
・もし自分の思っていたことと異なった結果が出たとしても，謙虚に受け入れる

これまでお伝えしてきたように，私たちの思い込みを正してくれるのがエビデンスです。実際，医療の長い歴史の中で「長く信じられていたけれども，実は間違っていた」「研究の結果，データを取ったら，効果が示されなかった」というものはたくさんあります。

ここでは，それらを医療上の神話としていくつか紹介してみましょう。

ポイント 7　エビデンスの力（2）

・医療上の神話
　▶暗いところで本を読むと目が悪くなる
　▶私たちは，脳の 10% しか使っていない
　▶健康のためには，少なくとも 1 日にコップ 8 杯の水を飲んだほうがよい
　▶ビタミンを大量に摂取することは健康によい

　たとえば「暗いところで本を読むと目が悪くなる」と長い間言われていました。お母さんに言われて，暗いところで本を読むのをやめたという方も多いと思います。ただこれも，やはりデータを取るとそうではないということがわかってきました。

　また「私たちは脳の10％しか使っていない」ということを聞いたことがあるかもしれませんが，これも実はそうではないらしいのです。もう目いっぱい使っているそうです。ですから，これからの自分の飛躍的な能力の進歩はあまり期待できないかもしれません。

　「健康のためには，水をたくさん飲んだほうがいい」「少なくとも8杯飲みなさい」と言われて，水をがぶがぶ飲んでいる方もいるかもしれません。けれどもこれは程度問題で，あまり飲むと水中毒という状態になります。血中の電解質のバランスが崩れることによって，重症の場合は死にいたることもあります。

　サプリメントやビタミン剤などを健康のために大量に飲んでおられる方もいるかもしれません。今まで，大量に飲むのは健康によいと言われていたのですが，このことについて数年前に**メタアナリシス**[10]の論文が出て，ほんのわずかですが寿命が縮むという結果が出ています。これらは，今まで信じられていたことに対し，データがその誤りを正してくれたということになります。

　心理学上の神話もたくさんあります。

講義メモ

10 メタアナリシス　1つの効果研究の結果だけで効果の有無を判断するのではなく，複数の効果研究の結果を統合したうえで，効果の有無の判断を行なうこと。

ポイント8　**エビデンスの力（3）**

・心理学上の神話
　▶強制的治療には効果がない
　▶虐待は連鎖する
　▶虐待された子どもは非行に走りやすい
　▶ポジティブ心理学－ポジティブになると幸福感が増し，健康によい
　▶厳しい罰を与えれば犯罪は抑制される

　以前に私は「臨床心理学における神話」という論文（原田・高橋・笹川, 2010）を書いて，さまざまな心理学上の神話について紹介し，データで反論を行ないました。

　たとえば心理療法については「強制的にやっても効果がない」と往々にして言われていますが，それは間違いでした。強制的に治療をした群（介入群）と何も治療をしない群（対照群）を比べると，一定の効果はあると

いうことがわかりました。また「虐待は連鎖する」「虐待をされた子ども
は非行に走りやすい」と言われていますが，これもデータによると間違い
です。偏見だと言ってもいいかもしれません。

また「ポジティブになると幸福感が増して健康によい」ということもよ
く宣伝されています。確かにネガティブに考えるよりも，ポジティブに考
えたほうがいいかもしれませんが，だからといってそれだけで「がん細胞
が小さくなる」「健康増進に素晴らしい効果がある」とまで言うとちょっ
と言いすぎです。そこまでいくと疑似科学と言えるかもしれません。

最後に「厳しい罰を与えれば犯罪は抑制される」ということも神話です。
たとえば有名人が覚醒剤を使ったというと「刑を厳しくしなければ」「厳
しく罰しなければ」ということを，テレビでいろいろなコメンテーターが
言いますが，厳罰化してしまうと，逆に再犯率が高くなってしまうという
エビデンスがあります。ですから罪に見合った罰を与えることは当然です
が，いたずらに罰を重くすればよいというものではないのです。

6 エビデンスを軽視したことによる悲劇

これまでエビデンスが大事だと申し上げてきました。ホメオパシーだけ
でなく心理療法についても，実際にエビデンスを軽視したことによる悲劇
が日本でも起こっています。

東日本大震災の直後に，心のケアということで，たくさんの心理の専門
家が被災地に出向きました。これは本当に素晴らしいことだと思います。
たいへんな中，ボランティアで被災地まで行って，被災者の方々のお話を
聞いたりとか，心に大きなダメージを負った方に援助をしたりといった活
動が行なわれました。このことには本当に頭が下がります。その中で震災
の3か月後である 2011 年 6 月 10 日，朝日新聞に「アートセラピー『注
意を』」という記事[11] が社会面に大きく出ました。覚えておられる方も多
いと思います。

子どもたちに被災した際の津波の絵や，家が流された絵を描いてもらっ
たというのです。それを描いた子どもたちがその後，夜中にうなされてし
まったり，情緒不安定になったりということが実際に報告されました。新
聞記事では「アートセラピーによって，気付いていない不安や怒りが出る
恐れがある」と学会が指針を出したと書いてあります。さらに「心のケア
のため，被災地の子どもに絵を描いてもらう『アートセラピー』について，
日本心理臨床学会が9日，注意を呼び掛ける指針をまとめました。そこ
では，心の不安を絵で表現することは，必ずしも心的外傷後ストレス障害
（PTSD）[12] の予防にはつながらず，かえって傷を深くする場合もある」と

11 朝日新聞記事　記事は下記サイトでも閲覧が可能（「東日本大震災」「アートセラピー」で検索すると見つけやすい）。
http://www.asahi.com/special/10005/TKY201106090698.html

12 心的外傷後ストレス障害（PTSD）　生命を脅かすような極限的な体験に遭遇し，その体験を受け入れられないために，さまざまな精神症状を呈する病態。大きく以下の4つの症状がある。①侵入症状（再体験・フラッシュバック），②回避症状，③認知と気分の否定的変化，④覚醒と反応性の変化。

書かれていました。

　これも先ほどのホメオパシーと同じで，セラピストたちは何も子どもたちの心を不穏にしようと思ってやったわけではありません。最大限の善意で行なわれたものだと思います。それは私もよく理解できます。しかし結果としてよくなるどころか，害をなしてしまったということは，やはり専門家としての責任は免れないのではないかと考えます。

　PTSDの予防として不用意に体験を思い出させること，傷がまだ癒えてないうちに掘り出すことはやってはいけない，ということがもう何年も前から言われていました。アメリカで起きた9・11テロの後もやはり同じような問題が起こって，被災した人，事件に遭った人や，あるいは消防士など救助に当たった人たちのPTSDを予防しようと，現地のセラピストたちが，たくさん体験談を聞いてあげたことで，逆にPTSDになったとか，症状が悪化したということが報告されています。その後，被災から間もない時期に，その体験を思い出させる介入（心理学的デブリーフィング）をすることは適切ではないというエビデンスが多くの論文で示されました。

　にもかかわらず，同じようなことが日本で行なわれてしまった。知らなかったではすまされないと思います。ですから厳しいようですが，やはりエビデンスを軽視するとこのような悲劇にもつながるということを，私たちは肝に銘じておかなければならないと考えます。

まとめ

・思い込み，直観，習慣，経験，権威，好みなどに基づいて介入方法を選択するのではなく，厳密な研究によるエビデンスに基づくことが重要である。
・エビデンスがないにもかかわらず信じられている多くの「医学上の神話」「心理学上の神話」が存在する。
・エビデンスを軽視した介入をすることで，結果としてよくなるどころか害をもたらす可能性がある。

2 エビデンスとは何か

1 EBMの誕生

　ここから「エビデンスとは何か?」という,エビデンスの概念に関する話をしたいと思います。

　講義の冒頭でもお伝えしたように,エビデンスを重視する動きは医療の分野から起こり,EBM(Evidence-Based Medicine)という言葉が生まれました。この言葉は,カナダの疫学者であるゴードン・ガイアット(Guyatt, G.)が,1991年に初めて使った言葉と言われています。その名もずばり「Evidence-Based Medicine」というたった1ページの論文[01]です。そこで用いられたのが最初だと言われています。

講義メモ

01 Evidence-Based Medicine
この論文は,以下のウェブサイトで閲覧が可能(あるいは「Guyatt」「Evidence-Based Medicine」で検索)。
http://www.acpjc.org/Content/114/2/issue/ACPJC-1991-114-2-A16.htm

 EBM(Evidence-Based Medicine)

・ガイアットの論文(Guyatt, 1991)
　▶ "Evidence-based medicine" というたった1ページの論文で,EBMという用語を最初に用いた
・そこで述べられているのは…
　▶エビデンスに基づいて治療法を選択すべき
　▶エビデンスにはヒエラルキーがある

　ガイアットがその論文の中で述べたことは,「エビデンスに基づいて治療法を選択すべきだ」ということです。これは前章から紹介している内容です。ガイアットは自分の直観や好みや習慣ではなく「科学的な根拠に基づいて効果があるかないか」で治療を選びなさいということを,初めてはっきりと言いました。

　それともう一つ,ガイアットはエビデンスにヒエラルキーがあるということも述べています。科学的研究のデータは玉石混交であり,データだからといって,何でもエビデンスにはなるわけではありません。そこでクオリティーの高いデータを使いなさいと述べています。これはもう少し後で,詳しくお話をします[02]。

講義メモ

02 詳しくは PART 3 「3 最善のエビデンス」を参照。

次に，エビデンス・ベイストの前提ですが，先に述べたように，「人間は間違う」ということがあげられます。

ここには，どんな専門家であっても，医者であっても，セラピストであっても間違うものだという謙虚な態度が前提にあります。それをもとに「できるだけ間違いを少なくしよう」「バイアス[03] をできるだけ排除しよう」という態度が科学的な態度です。そしてエビデンスのハードルはできるだけ高いものを採用する，つまり質の高いエビデンスを採用しましょうということです。

講義メモ

03 バイアス　思考の歪みや偏りのこと。事実を歪め，自身に都合のいいように解釈してしまう原因となる。

2　EBM の定義

今度はガイアットの同僚であるディビッド・サケット（Sackett, D.）による EBM の定義を見てみましょう（図 2-1）。カクテルみたいな絵が描いてあります。

まずこの黒い丸がエビデンスです。「**最新最善のエビデンス**」と書いて

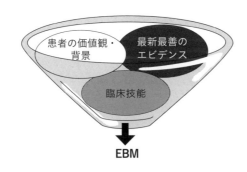

図 2-1　EBM の定義（Sackett et al., 2000）

あります。ただ，この「最新最善のエビデンス」以外にも，あと重要な要素が2つあります。まず，白い丸に書いてある**患者あるいはクライエントの価値観や背景**です。それと残りのもう一つは**セラピストの臨床技能**です。この3つをカクテルにした先にEBMがあります。

ではこの一つひとつを詳しく見ていきましょう。まずエビデンスです。単なるエビデンスではなく「**最新最善のエビデンス**」と書いてあります。

> **ポイント3**　　**最新最善のエビデンス**
>
> ・エビデンスはすぐに陳腐化する
> ・昔の教科書は役に立たない
> ・RCTやメタアナリシスなどの信頼のおける研究によって得られたエビデンスでなければならない
> ・事例研究やデータによらない専門家の意見などは，エビデンスではない

実は，エビデンスはすぐに陳腐化し，古くなってしまいます。研究が進めば，前章で示したさまざまな例のように，昔はよいと言われていたものがダメだと否定されることが往々にしてあります。このようにエビデンスはすぐに古くなってしまうので，いつも最新のエビデンスにアップデートしなければなりません。

ですからサケットは「教科書を捨てなさい」ということまで言っています。私たちは，臨床で困ったことがあると，自分が学生だったときの教科書を引っ張り出して読むかもしれません。それは何もしないよりはいいのかもしれませんが，その教科書に書いてあることは，もう陳腐化しているかもしれません。当時は正しかったけれども，その後否定されたということもあるかもしれません。ですから，最新のエビデンスは何かという点について，いろいろな論文を読んだり，新しく発表された学説を聞きに学会に行ったりなど，そういったことを日常から心がけなければならないのです。

最善のエビデンスという点では，前章で紹介した**RCT**や，後でご紹介する**メタアナリシス**という研究，こういった質の高い研究で得られたデータをエビデンスとしなければいけません。ガイアットが言った，エビデンスのヒエラルキーの上部にあるのが，RCTやメタアナリシスです。ヒエラルキーの下のほうにあってクオリティーが低いエビデンスは，事例研究[04]やデータに基づかない専門家の意見があげられます。これらはエビデンスとは言えません。ですから，これらを根拠に治療を行なうべきではないと

講義メモ

04 事例研究　セラピストとのかかわりの中で変化するクライエントの様子を記述すること。

いうことになります。

　次に「**患者の価値観や背景**」についてです。

ポイント4　患者の価値観・背景

- 最新最善のエビデンスを，患者の価値観や背景，好みなどを考慮しながら適用すべき
- エビデンスは何より，患者（クライエント）自身のためにある
- データ偏重で機械的・画一的に対応するのが EBM（EBP）ではない

　EBM では，定義の中で「最新最善のエビデンスを患者の価値観や背景，好みなどを考慮しながら適用すべきだ」ということが強調されています。「EBM はデータ偏重であり，数字ばかりを気にしている」という誤解をもたれるのですが，そうではありません。エビデンスは，何よりも患者やクライエントのためにあるものです。ですから，患者の話を聞いて，上手にエビデンスを適用しましょうということを強調しています。データばかりを見て機械的・画一的に対応するのは，エビデンス・ベイストからはかけ離れた態度ということになります。

　3つめの要素は「**臨床技能**」ということで，今度はセラピストの側に注目します [05]。

講義メモ

05 臨床技能　PART 2「6　臨床心理学のカリキュラム」も参照。

ポイント5　臨床技能

- 最新最善のエビデンスを検索する技能
- 得られたエビデンスの妥当性を吟味する技能
- 患者の価値観や背景を見きわめ，それらを考慮しながら，エビデンスのある方法を適用する技能
- 患者とのコミュニケーション技能
- 常に自己研鑽に励み，エビデンスのある方法を実行できる技能
- EBM とは理念的なものではなく，私たちの態度や行動変容を迫るものである

　まず，最新最善のエビデンスをきちんと見つけてくるというスキルが必要です。古い教科書は役に立たないわけですから。また，データがあったとして「そのデータは本当にクオリティーが高いのだろうか」「この患者さんには当てはまるのだろうか」など，エビデンスの妥当性を吟味する能力も重要なスキルです。このような臨床技能が必要になってきます。

　また，患者の価値観や背景などを理解したうえで，それを尊重して考慮しながらエビデンスを適用するスキルや，患者とのコミュニケーションのスキルも必要です。ただこの2つは，心理職であれば得意なスキルかもしれません。

　エビデンスのある新しい方法が出てきたとして，しかし「私にはそれはできません」というのは，やはり専門家としてスキルが足りないということになります。よって，新しいスキルを身につけるためにワークショップや学会に出かけて，エビデンスのある方法を身につけることも必要でしょう。常に自己研鑽に励む姿勢が求められています。

　ですから大事なことは，エビデンス・ベイストとは単に理念的なものではないということです。エビデンスが大事だと言っておけばそれだけでエビデンス・ベイストになるわけではありません。エビデンスは「私たちの態度や行動の変容を迫るもの」です。これが非常に重要なところです。今ここで説明したような能力，スキルを身につけていかなければいけない。今までの臨床とこれからの臨床では，私たちの臨床技能や態度を大胆に変えていかなければいけないのです。

3　エビデンス・ベイストへの批判

　エビデンス・ベイストにはなかなか批判も多いのが現状です。以下は，私が個人的に直接言われた批判の内容をいくつかあげてみたものです。

> **ポイント6　エビデンス・ベイストへの批判**
>
> ・データや統計だけで人間はわからない
> ・データだけでなく，ナラティブを重視すべき
> ・EBP は一つの価値観・態度にすぎず，それを押しつけるのは乱暴だ
> ・エビデンスによって特定の流派や技法を批判するべきではない

　「データや統計だけでは人間はわからないではないか。エビデンス・ベイストは底が浅い」という批判や「データだけではなく，やはりナラティブも大事ではないか」という批判があります。「エビデンス・ベイストというのは大事かもしれないけれども，それは一つの価値観だ。あなたがそれを大事だと言うのはわかるけれども，私たちには押しつけないでくれ。それはちょっと強引で乱暴だ」ということを言う方もいます。あるいは，「エ

ビデンスによって特定の流派や技法を批判するな」という批判もあります。これに今から一つひとつ反論をしたいと思います。

1.　批判①：データで人間はわからない？

　まず1つめです。「エビデンスや統計やデータだけでは人間はわからない」という批判です。

> **ポイント7　データや統計だけで人間はわからない**
>
> ・EBM＝何に効果があるのか，何が有害かという問いに答えるもの
> ・介入の選択にあたって，好みや直観ではなく，「真に効果がある」ものを選択しようという態度
> ・何もデータで人間理解をしようなどとはしていない
> ・データだけで人間理解などできないが，データで介入効果の検証はできる

　この点について私は「そのとおり」と言うしかありません。データや統計だけで，人間はわからないからです。エビデンス・ベイストとは，別にデータだけで人間の心の深いところを理解しようなどということを述べているわけではありません。

　エビデンス・ベイストは非常にシンプルです。効くか効かないか，何に効果があって効果がないのか，あるいは害があるのかないのか，その問いに答えるだけです。ホメオパシーは効くのか，箱庭療法は効くのか，それによって病気が治るのか，それに答えるものがエビデンスです。単に数字だけを操って，人間の心の奥深いところを探ろうなどということを考えているのではありません。ですからこの批判は的外れです。エビデンス・ベイストがよくわかっておらず，単にイメージだけで批判をしているような，そんな批判かもしれません。

　エビデンス・ベイストというのは，介入を選ぶときに，好みや直観ではなくて，統計的データに基づいて本当に効果があるものを選ぼうというものです。データで人間理解をしようというものではありません。当然ですが，データだけで人間理解はできません。ただ，データで介入の効果の検証はできます。効くか効かないかはわかります。それをやりましょうというのがEBMですから，やはりこの批判は的外れと言えると思います。

2.　批判②：ナラティブを重視すべき？

　次の批判は「データだけでなく，ナラティブを重視すべき」というもの

です。

> **ポイント8　データだけでなく，ナラティブを重視すべき**
>
> ・そもそも EBM の定義の中に，ナラティブの重視は含まれている
> ・欧米では，ナラティブ・ベイスト・メディシンの推奨者は，EBM の熱心な推奨者である
> ・わが国ではなぜか，反 EBM の人がそのよりどころとして，ナラティブ・ベイストを推奨している

　この批判も的外れです。エビデンスだけではなく，ナラティブ（患者，クライエントの語り）も重視することは，私も賛成です。エビデンス・ベイストを推奨している人は，何も「ナラティブを軽視する」とか「患者さんの言うことを聞かない」ということは一言も言っていません。逆にナラティブが大事だということを定義の中できちんと述べています。ですから，この批判もやはりおかしいわけです。欧米では，**ナラティブ・ベイスト・メディシン（Narrative-Based Medicine：NBM；ナラティブに基づく医療）**を推進している人はほぼ全員が EBM の推奨者でもあります。この事実は，EBM と NBM 双方が重視する事柄が重なっているので当然です。エビデンスは大事だし，ナラティブも大事，どちらも推奨していきましょうということです。しかしなぜかわが国では，エビデンス・ベイストが嫌いな人がそのよりどころとして，ナラティブだけを重視するという傾向があるように思います。

3. 批判③：態度・価値観の押しつけでは？

　次の批判になりますが，「エビデンス・ベイストは一つの態度，価値観にすぎないのだから，それを押しつけるな」という批判です。

> **ポイント9　EBP は一つの価値観・態度にすぎず，それを押しつけるのは乱暴だ**
>
> ・「何が効果的か」という問いに答えるうえで，最もバイアスが少なく，間違った回答を導き出す危険性が低いものを用いることは，合理的・倫理的な選択である
> ・科学はもちろん完璧ではない。だからと言って，他のリスキーな方法（直観，好み，経験など）に頼るのは間違っている
> ・したがって，すべての臨床家は EBP を重視すべき

これは私は「押しつけます」と言うしかありません。押しつけるというか，やはり推奨していくべきだと考えます。なぜかというと，エビデンスは何より患者やクライエントのためにあるものだからです。そこでは，今までもお伝えしたように「何が効果的か」という，非常に大事なクエスチョンがあるわけです。その問いに答える際，一番バイアスが少なくて，間違った回答を導き出す危険性が一番低い方法が，科学的なデータに頼る方法です。直観や長年の経験などに頼らず，真摯にデータに向き合って，効果があるかどうかを検証する。これが一番安全で，患者やクライエントのためになるのです。だからやはりエビデンス・ベイストを押しつけるなと言われても，私はこれが大事だという意見には変わりはありません。

　もちろん，科学だって完璧ではありません。間違うこともあります。ただ間違うことはあるけれども，その間違う危険性は，他の方法や，直観・好み・経験のほうがよっぽど高いわけですから，科学が完璧ではないからといって，他のずっとリスキーな方法に頼るのはやはりおかしいだろうと思います。やはり一番間違うことの少ない科学に頼るべきです。もっと時代が進んで，他のいい方法が出てきたら，それに頼ればいいのですが，今のところは科学に頼るのが一番賢明です。ですから「エビデンスが好き・嫌い」や「データが好き・嫌い」など，もうそのようなこととは関係なく，すべての臨床家はエビデンス・ベイストを重視すべきだという意見は変わりありません。

4.　批判④：特定の技法を批判すべきではない？
　最後の批判です。「エビデンスによって，特定の流派や技法を批判するな」ということです。

> **ポイント 10**　**エビデンスによって特定の流派や技法を批判するべきではない**
> ・科学において，健全な批判は何よりも重要
> ・自分が信奉している立場を反駁されたことによって，感情的に反発することこそ慎むべき
> ・エビデンスはセラピストの立場を守るためにあるのではなく，**クライエント自身のためにある**
> ・エビデンスがないと批判されたのなら，研究によってエビデンスを見いだすか，それができなければその方法を放棄すべき

　これもやはりそうは言われても，私は批判をし続けます。それはなぜかというと，やはり科学や学問において，健全な批判というのは非常に重要

エビデンスがありません

何だと!?　大丈夫ですからね

| セラピスト |

本当に？

| クライエント |

効果がないと示されたセラピーは、クライエントのためにならない
　→ エビデンスは、クライエントのためにある

だからです。健全な批判によって，科学や学問は進歩することができます。ただ単なる感情的な悪口だったらそれは何も建設的ではありません。また，合理的で科学的な批判を封じていれば，非常に危険な絶対主義みたいなことにもなりかねません。ですからお互いに健全な批判をするということは非常に重要です。

　自分が信奉している立場や心理療法を批判されたことに対し，感情的に批判を返すのは，健全な批判とは言えません。ただ実際，「エビデンスがありません」とか「データがありません」ということを伝えると，よく怒られます。なぜその方は怒るのかというと，おそらくは自分が長年積み重ねてきたことを否定されたから怒るのでしょう。それはやはりおかしいのです。先ほどもお伝えしたように，エビデンスはセラピストの立場を守るためのものではなく，クライエントのためにあるものです。ですから効果がないと示されたセラピーはクライエントのためにならないので，そういうセラピーは慎んだほうがいいという批判は，重要な批判であると思います。

　また，批判を返すのであれば「自分の立場の悪口を言うな」と感情的に反発をするのではなくて，やはり科学的な研究によって反論をすべきでしょう。こちらは理性の部分で話しているのに，相手は感情的に話をしていると話がかみ合いませんから，「エビデンスがない」と科学的な言葉で批判をされたのであれば，科学的な研究によって反論をするべきであって，もしそれができなければ，エビデンスのない方法は放棄すべきである，それがクライエントのためであると私は考えます。

　以上，エビデンス・ベイストの概念について，定義から始まって，いろ
いろな考え方について，簡単にご紹介をしました。

- ま と め

・EBM は「最新最善のエビデンス」「患者の価値観・態度」「臨床技能」の 3 つがあっ
　てはじめて成立する。
・EBM は臨床家に臨床上の態度や行動の変容を迫るものである。
・EBM に対するさまざまな批判は，的外れなものや感情的な反論が多く，EBM
　を否定するだけの健全で科学的な批判とは言い難い。

3 最善のエビデンス

1 エビデンスの質

　それではここからは,「最善のエビデンス」についてお話をします。今まで何度も出てきましたように,エビデンスにはヒエラルキーがあります。エビデンス・ベイストにおいて,できるだけヒエラルキーの高いデータやエビデンスを使わなければならないという話をしました。ではどのようなものがエビデンスとして質が高いのでしょうか。これはなかなか難しい問いなのかもしれませんが,それについて考え方をご紹介します。

　エビデンスの質は,データが出てきたもともとの研究が,どのようなデザインで行なわれたのかという,研究の方法・デザインに依存します。研究の中で,主観的なものを排除して選ばれたものがエビデンスでなければいけませんから,どれだけ主観やバイアスが排除されているか,その研究デザインをじっくり検討する必要があります。

> **ポイント1　エビデンスの質**
> ・エビデンスの質は,それが生み出された方法（研究デザイン）に依存する
> ・できるだけ,主観やバイアスを排除して得られたものをエビデンスとしなければならない

2 エビデンスのヒエラルキー

　エビデンスのヒエラルキーについて下から,つまり質の低いものから順番にご紹介をします。ポイント2をご覧ください。

ポイント2　　**エビデンスのヒエラルキー**

・ランダム化比較試験のメタアナリシス
・ランダム化比較試験による知見
・準実験による知見
・ケースコントロール研究などの観察法による知見
・事例研究による知見
・専門家の経験や個人的意見

質が高い

　まずは，**専門家の経験や個人的意見**です。データに基づかない「私の長年の経験では」という意見のことです。どれだけ経験を積んだ偉い専門家であっても，それは「ただの意見」です。ですからエビデンスとは言えません。「エビデンスのヒエラルキー」の中に含めてはいますが，専門家の経験や個人的意見は，そもそもエビデンスではないということです。

　２つめは，**事例研究による知見**です。日本の臨床心理学は，事例研究がものすごく多く，学会に行っても論文を読んでも，右を見ても左を見ても事例研究ばかりです。確かに事例研究は重要です。非常に重要な知見を提供してくれます。私も大学の教員の端くれで心理専門職の養成に携わっていますが，その中で，若い学生がいろいろな事例から多くのことを学んで身につけていきます。このように，事例研究は専門職の訓練のためには重要な教材になります。

　しかし事例研究は，エビデンスにはなりません。たった１人のクライエントの様子を一般化してもいいのでしょうか。さらに，ある心理療法を，あるクライエントに実施してよくなったとしても，それは心理療法のおかげと言えるのでしょうか。単に時間がたって自然によくなったのかもしれないし，クライエントの身の回りでいいことが起こって気持ちが明るくなったのかもしれません。このようなことを考えだすと，事例研究の知見というのは非常にあいまいです。その知見を科学的に検討しなければなりません。ですから事例研究をエビデンスとして扱うことは危険です。

　次にまたちょっと難しい言葉が出てきましたね。ケースコントロール研究[01]などの**観察法**です。これには臨床心理学の研究で多用される質問紙調査などが含まれます。この内容を詳しく紹介しすぎると今回の本筋からかなりそれてしまいますので詳細はスキップしますが，要は，質問紙調査などの方法による知見もエビデンスにはなりにくいということです。

　次は**準実験**[02]です。これもちょっと難しい言葉かもしれません。準実験としてよく行なわれるのは，**前後比較研究**です。何かの治療をして，その前と後とでよくなったかどうかを比較して，よくなっていれば「この治

講義メモ

01 ケースコントロール研究
症例対照研究とも呼ばれる。研究対象となる問題や疾病を有する者と，よく似てはいるが対象となる問題や疾病を有しない者を比較する研究のこと。

02 準実験　ランダム化された対照群をもたない実験のこと。詳細は本章の後半を参照。

療のおかげ」とみなす研究デザインのことです。この知見もエビデンスとしては非常にあやふやで，質が低いと言えます。なぜ質が低いとされるかは，この後もう少し，具体的に詳しいお話をします。

エビデンスとして採用してよいのは，**ランダム化比較試験**からです。ランダム化比較試験とは第1章で紹介した**RCT**のことで，これによる知見は，エビデンスとしていいと言えると思います。つまり，準実験とRCTの間には，エビデンスのクオリティーに大きな断絶があるのです。

そしてエビデンスのヒエラルキーのトップに君臨するのが**メタアナリシス**です。メタアナリシスとは，1個のRCTではなく，複数のRCTを集めてきて，1つの研究として統合したものです。これが今のところ一番質が高いエビデンスの提供源であると考えられています。

私は，日本とアメリカの臨床心理学の代表的な雑誌を4〜5年分集めてきて，そこに発表された論文を全部チェックしてみました。どのようなデザインの研究が多いか調べてみたら，悲しい結果でした。日本の雑誌は**事例研究**が大半で，あとは観察法と準実験。この3つでほぼ90％でした。RCTやメタアナリシスは1つもありませんでした。

今度はアメリカの雑誌です。こちらはまったく逆です。6割がRCTとメタアナリシスです。観察法，準実験はいくつかありましたが，事例研究はゼロでした。おそらく事例研究を出しても査読[03]ではねられて載らないのでしょう。

このように，日本とアメリカの状況はものすごく違います。日本における臨床心理学や心理臨床学と呼ばれている学問と，アメリカにおけるclinical psychologyは別のものと言ってもいいぐらい，現状では違っています。これは今後，私たちがその状況を変えていかなければならないと思います。

3　専門家の意見・経験

では，なぜ専門家の経験だけで判断することが危ないのか，専門家の経験をエビデンスとするとどのように間違ってしまうのか，具体的にお話ししたいと思います。こちらをご覧ください。

ポイント3　専門家の意見・経験
- 新谷弘実『病気にならない生き方』
  ▶乳製品を摂取すると「腸相」が悪くなる
  ▶コーヒー浣腸は腸をきれいにし，免疫力を高める
  ▶長年の専門医としての経験から

新谷弘実という方が『病気にならない生き方』[04]という本を出しました。ベストセラーになったので，お読みになった方もいらっしゃるかもしれません。この先生は最近はあまり見ないですが，以前はよくテレビに出ておられて，ご存じの方も多いと思います。彼は大腸の専門家で，内視鏡で，大腸の中を何十年も検査しておられる先生です。彼は何千人，何万人の方の腸の中を見て，その長年の経験から「乳製品を取っている人は，腸が荒れてよくない」ということをおっしゃっているのです。ですから牛乳，ヨーグルト，チーズ，バターなど，乳製品を一切取るなと言っています。逆に，コーヒーで浣腸すると，腸がきれいになり免疫力が高まってよいというのです。本当でしょうか。

なぜ彼がこのような主張をしているのかというと「長年の専門医としての経験から」です。データからではありません。経験から述べています。実は，その後コーヒー浣腸を売っていたメーカーの社長が，いろいろな健康被害が出たということで，逮捕されました[05]。コーヒーは刺激物ですから，コーヒー浣腸をすると，健康被害を受けたり，下痢になったりとするというエビデンスがあります。ですから，皆さんはやらないと思いますが，絶対まねをしないでください。

なぜこのような間違いを犯したのか見てみましょう。彼の主張はこうです。「乳製品を取ると，腸が荒れる」ここに因果関係があるということを主張したわけです。内視鏡で見ているわけですから，乳製品を多く摂取していた人の腸が荒れていた，これは事実でしょう。ただ，腸が荒れていた原因は，本当に乳製品の摂取によるものなのでしょうか。他にも原因があるのではないでしょうか。いくつかの候補を図3-1にあげてみました。このように他の原因も考えられないだろうかということです。

乳製品をたくさん取る人は，西洋風の食事が多いかもしれません。すなわち，日々の食生活において肉類をたくさん食べているかもしれず，そこに腸が荒れた真の原因が潜んでいるかもしれません。他にも，脂肪分の多い食事とか，ライフスタイルのアンバランスだとか，ストレスだとか，喫煙だとか，飲酒だとか，これらの中のどれか1つが「真犯人」かもしれないし，これら

講義メモ

04 新谷弘実 (2005). 『病気にならない生き方：ミラクル・エンザイムが寿命を決める』 サンマーク出版

講義メモ

05「肌改善」うたい"コーヒー浣腸"を販売　元社長ら3人逮捕　警視庁（産経ニュース 2015年12月2日）。
　記事は下記サイトでも閲覧が可能（「コーヒー浣腸」「逮捕」「産経」で検索すると比較的見つけやすい）。
https://www.sankei.com/affairs/news/151202/afr15120200021-n1.html

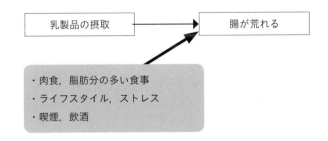

図 3-1　乳製品の摂取以外で腸が荒れた可能性

が合わさって起こっているかもしれません。このように，腸が荒れた原因にはさまざまなものが考えられます。ただこの先生は，怪しいとにらんだ乳製品だけに着目して，そして他のものはあまり考えないで，結論を導き出してしまった。つまり，恣意的で誤った結論を導き出した可能性が高いのです。

これは犯罪捜査でも同じです。「怪しいから」「顔つきが悪いから」といった理由だけで犯人を捕まえていては，真犯人を逃がしてしまう恐れがあります。「長年の経験」や「主観的な判断」は危ないということです。

今言ったことをまとめましょう。専門家の意見や経験，データに基づかない意見の問題点は，まず主観が入り込みやすいことです。自分の着目したい要因にだけ，あるいは目立ったものにだけ着目して，他を無視してしまう，あるいは軽視してしまう可能性があります。これを確証バイアスと言います。また，物事を都合のいいように解釈してしまう可能性もあります。ここでは「自分は間違うかもしれない」という謙虚さが忘れられてしまっています。ですからやはり専門家の意見や経験だけに頼って，それをエビデンスとするのは危険なのです。

ポイント4　専門家の意見・経験の問題点

・主観（バイアス）が入り込みやすい
・自分の着目したい要因だけ，あるいは目立つものだけに着目し，
　他の要因は無視（確証バイアス）
・物事を都合のいいように解釈してしまう
・人間は間違うものだという謙虚さを忘れている

▶よって専門家の意見だけに頼るのは危険

4　準実験とは

次は準実験の話をしたいと思います。

ポイント5　準実験

・ランダム化した対照群をもつ実験以外の実験
・非常に多いのが，前後比較研究（事前・事後比較研究）
・介入の前後比較をし，変化があればそれを介入に帰する
　▶例：心理療法前後の心理状態を比較
　　　薬を飲む前と飲んだ後の病状を比較
　　　何らかの政策を実施した前と後との状況を比較

　準実験とは何かというと,「ランダム化した対照群をもつ実験以外の実験」がその定義です。ちょっと難しいので1つ例をあげると, 先ほど述べた前後比較研究 (事前・事後比較研究) というようなものです。

　これは実際にやられた方も多いかもしれませんし, こういう論文はたくさん出ていますから, お読みになった方は多いかもしれません。介入を行なう前と行なった後を比較して変化があったら, それは介入の効果であったと見る考え方です。

　一例として, うつ病への心理療法の効果に関する前後比較研究をあげます。この場合, たとえば質問紙などで抑うつ状態を介入前と後で測定し, 比較します。最初は抑うつのスコアが高かったのが, 介入後に低くなったとすれば,「介入に効果があった」「治療が効いた」と論文に書くわけです。本当にこれでいいのでしょうか？　他の例をあげると, 薬を飲む前は血圧が170もあったけれども, 薬を飲んだ後に血圧が140に下がったとします。この研究結果で, 薬に血圧を下げる効果があると言ってしまっていいのでしょうか？

1. 準実験の問題①：飲酒運転の厳罰化

　ちょっと医療とは離れますが, 何かの政策を実施し, その前後で状況を比較するという前後比較研究もあります。たとえば消費税を導入する前後で経済状態がどう変化したか, 物価がどう変化したか。あるいは, 社会実

06 社会実験　国や地方自治体，地域の組織などが，社会的に大きな影響を与える可能性のある新たな制度や技術などの施策を導入する前に，実際に試行し，評価すること（小学館『日本大百科全書』より）。

験[06]などで高速道路を無料化したら，その地方の経済がどうなったのか。このような前後比較研究はエビデンスを提供するのでしょうか。

具体的な例をあげてみたいと思います。

準実験の例　飲酒運転の厳罰化

「警察における取り締まりの強化等の諸対策が講じられたり，平成 19 年 9 月から（中略）罰則が強化されたりしたことになどにより，20 年中の飲酒運転による交通事故は，前年より減少した」

（平成 21 年版　警察白書）

---

07 事件の詳細は，福岡・飲酒運転 3 児死亡事故とは（西日本新聞 2019 年 2 月 25 日）を参照。
https://www.nishinippon.co.jp/item/o/482606/

これは飲酒運転の厳罰化という介入についての前後比較です。警察白書には，上記のように述べられています。警察白書に書かれていることですから，嘘ではないと思います。皆さんご存じのように，飲酒運転の取り締まりや罰則は確かにどんどん厳しくなっています。このような厳罰化は，平成 18（2006）年に福岡県で非常に悲惨な飲酒運転事故[07]があったことが一つの契機になったと言われています。飲酒運転の 20 代の男性の運転する車が，橋の上で前の車に追突し，その車が橋から落下。乗っていた家族 5 人のうち，両親はなんとか助かったものの，小さいお子さん 3 人が亡くなられた，という事件です。事件内容を覚えておられる方も多いと思います。この後，飲酒運転した人だけでなく，車に同乗していた人や，お酒を提供した人も罰せられるなど，飲酒運転に関する罰が厳しくなりました。

このような罰則強化は，一概に悪いものではないと思いますが，罰則を強化したら飲酒運転が減るのでしょうか。罰則強化に効果があるのかどうかは，やはり科学的に検証してみる必要があります。

図 3-2 をご覧ください。

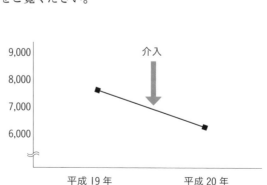

図 3-2　飲酒運転件数の変化（平成 19 〜 20 年）（平成 21 年版警察白書）

　これもやはり警察白書から出したデータです。平成19年と平成20年
が比較されています。前述のとおり，平成19年に厳罰化が行なわれてい
ますので，平成19年と20年を比較するのは，罰則強化という介入の前
後比較です。前後を比較すると，確かに飲酒運転は減っています。このこ
とから，先ほどの警察白書のとおり「飲酒運転が減っている」「厳罰化は
効果があった」というエビデンスとしてよいのでしょうか。一見よさそう
ですが，ちょっと私はへそ曲がりなので，にわかには信じずに，いろいろ
な他のデータを探してきました。そこで，図3-3をご覧ください。

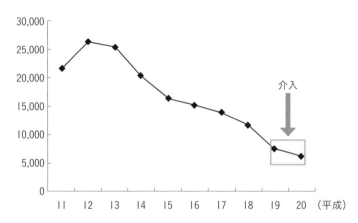

図 3-3　飲酒事故件数の推移（平成 21 年版警察白書）

　これも警察白書のデータです。平成19年と平成20年だけ比べるので
はなく，もうちょっと前の平成11（1999）年から比べてみました。すると，
このような感じになります。何かちょっと気になりませんか？　平成19
年と平成20年だけを切り取ったのが先ほどの図3-2です。しかしもう少
し視野を広げて平成11年から見てみると，飲酒運転は平成12年からずっ
と右肩下がりで減り続けているのです。ならば飲酒運転は，厳罰化をした
から減ったとは言えないかもしれません。
　平成12年からずっと一貫して減少傾向にあるとすれば，「厳罰化以外
に飲酒運転の減少にかかわる他の要因があるのではないか？」「真の原因
は他にあるのではないか？」という話になるわけです。
　そこで私は，いろいろ真の原因を探してみました。たとえば図3-4の
グラフをご覧ください。
　図3-3と双子のように似ていますね。よく見ると，下にKL（キロリッ
トル）と書いてあります。何のグラフかというと，お酒の販売量（消費量）
のデータです。これは国税庁のデータです。平成12年，13年あたりか
ら右肩下がりです。ずっと一貫して減っています。

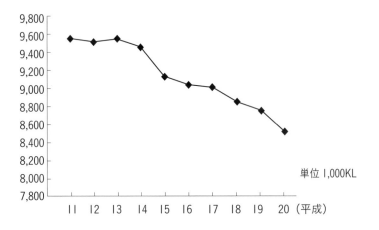

図 3-4　酒類販売（消費）量の推移（国税庁）

　私たちは昔に比べるとあまりお酒を飲まなくなっています。いろいろな原因があるのでしょう。健康志向なのか，景気が悪いからなのかはわかりませんが，とにかくお酒を飲む量が減っている。だとすると飲酒運転も減る。素直に考えてこの２つには関連がありそうです。「お酒を飲まなくなっているのだから当然，飲酒運転も減るでしょう」と考えられなくもないのです。

　もう一つ別のデータを見てみましょう。図3-5をご覧ください。

　このグラフはちょっとややこしく，たくさん線があるのですが，注目していただきたいのは細い実線（──●─）と一番下にある太い実線（━━●━）で，

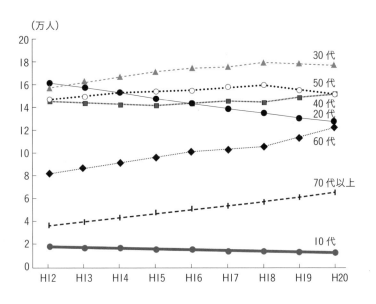

図 3-5　運転免許保有者数（警察庁統計）

2つとも右肩下がりになっています。他の線はちょっと上がったり，横ばいになったりしていますが，細い実線が際立って右肩下がりです。それから一番下の太い実線もやや下がっています。これは免許の保有者数（これも警察の統計）です。細い実線が20代の方，太い実線が10代の方です。若い人が最近，あまり車に乗らなくなってきている，若者の車離れなどということはよく耳にしますが，データを見ても，やはり若い人が免許を取らなくなってきているのがわかります。

　若者というのは，得てして無謀な運転をしたり，事故を起こしたりするというのは，私の偏見ではなく，データからもわかっています。そのため，25歳未満の人が自動車保険に入ると，掛け金が高いのですが，これは事故が多いからです。福岡の事件も20代の人が起こした事件でした。事故の多い若い人が運転をしなくなっており，お酒の量も減っている。これら飲酒運転に関連するデータを見ると，飲酒も運転も減っているわけです。すると，厳罰化とは関係なく飲酒運転の件数が減っている可能性があります。

　つまり，警察白書では厳罰化に効果があって飲酒運転が減ったということが述べられていましたが，厳罰化以外にも原因はあるかもしれないのです。

　そこで，図3-6をご覧ください。

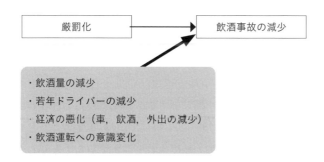

図3-6　厳罰化以外で飲酒運転が減少した可能性

　飲酒運転が減少した原因は，図のように，飲酒量の減少，若年ドライバーの減少，あるいはそれ以外にも経済の悪化で車が売れなくなった，外でお酒を飲まなくなったなどという状況にあるのかもしれません。また，私たちの意識は，昔は「ちょっとぐらいならいいか」みたいに，ともすれば飲酒運転に寛容なところもあったかもしれませんが，最近は「飲んだら乗るな」ということで，随分変わりました。このような意識の変化に，飲酒運転が減った原因があるのかもしれません。ですから，厳罰化だけに着目をして「真の原因は厳罰化だ」と結論を出してしまうのは少し乱暴なのです。

　　まとめますと，準実験には次のような限界があります。

> **ポイント7**　　**準実験の限界**
>
> ・介入の前後を比較して，「増えた」「減った」「治った」「悪化した」などと言っても，それが介入の影響なのか，別の要因によるのかまったくわからない
> ・誤った因果関係を導いてしまう恐れが大きい
> ・したがって，前後比較は，介入効果のエビデンスを提供しない
>
> ▶前後比較による知見はエビデンスとは呼べない

　　介入の前と後を比較して増えた減った，良くなった悪くなったと言っても，それは介入の影響なのか，あるいは別の要因なのかがまったくわかりません。そのため，誤った因果関係を導いてしまう恐れが大きいのです。ですから前後比較というものは，介入効果のエビデンスを提供しません。前後比較をして変化が見られたからといって，介入の効果であると言ってはいけないのです。

2.　準実験の問題②：心理療法の前後比較研究

　　ちょっと心理学の話から外れたので，心理療法の前後比較研究について，心理療法以外で症状が軽減した理由について，考えられる例をいくつかあげてみましょう（図3-7）。

　　まず「**プラセボ効果**」ですが，これは受けた心理療法自体の効果とは別に，治療を受けたという意識だけで気分がよくなって症状が軽減するというものです。「**ホーソン効果**」というものもあります。たとえばうつ病チェックリストなどをやって，前後比較をされていることがわかると，そ

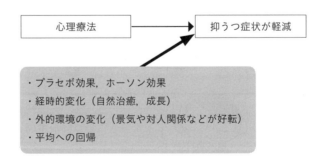

図3-7　心理療法以外で抑うつ症状が軽減した可能性

れだけでちょっとスコアがよくなってしまうというものです。あとは「**経時的変化**」もあります。心理療法の前後で2回スコアを取るわけですが，その間に時間が流れていますから，自然によくなったりとか，ご本人の成長に伴ってよくなったということもあるでしょう。往々にしてあるのは，「**外的環境の変化**」です。心理療法とはまったく関係のないところで，景気がよくなってボーナスがいっぱい出たとか，仕事にあぶれていたけれども仕事に就けたとか，それでうつのスコアが変化するといったものです。対人関係や夫婦仲がよくなった，彼氏・彼女ができたなどで，症状が好転することもあります。

最後のものはちょっと難しいですが「**平均への回帰**」[08]という統計的な現象です。何でもスコアを取るときには誤差はつきものです。抑うつのスコアにしても，誤差で上がったり下がったりすることはあります。すごく悪いときにスコアを取ってしまったら，その後は，そのスコアよりはよくなりやすい。これを平均への回帰と言います。そういった統計的な変動も考えられます。

症状が軽減したのは，この中の1つ，2つが理由かもしれませんし，全部が合わさっているのかもしれません。ですから前後比較だけで，心理療法が効いてうつがよくなったというエビデンスにはならないのです。慎重に研究をやらないと，質の高いエビデンスは提供できません。RCTかメタアナリシスをエビデンスにしなければいけないということを，ぜひご理解いただきたいと思います。

講義メモ

08　平均への回帰　高い値が出れば，次はその値より低い値が出る確率が高く，低い値が出れば，次はその値より高い値が出る可能性が高い。結果として複数回測定すると，値は徐々に平均へと近づいていくという現象。

5　メタアナリシスとは

第1章で，RCTが研究法として一番信頼のおける方法[09]だということをお話ししました。ただRCTとはいえ，たった1回の研究で効果があったと言っても，それでは心許ないですね。ですからたくさんRCTをやる必要があります。たとえば，日本だけでやるのではなく，アメリカ，中国，アフリカ，ヨーロッパなど，いろいろなところで，いろいろな人に参加してもらって，男性も女性も若い人も年配の人も対象にして，多種多様なRCTをたくさんやるのが理想的です。ポイント8をご覧ください。

この丸の一つひとつが**RCT**でこれを**一次研究**と呼びます。それを統計的に合体・統合して，あたかも1つの大きな研究のようにします。これを**メタアナリシス**と呼びます。ですからメタアナリシスは，1つのRCTより信頼のおける結果が出てくるわけです。よってエビデンスとしては最も価値が高い，クオリティーが高いと言えます。なお，メタアナリシスというのは統計の手法のことを指し，その手法を用いて書かれている論文は

講義メモ

09　RCTがなぜ信頼のおける方法なのか？　RCTでは，介入群と対照群に研究協力者を無作為に割り当てることにより，介入を行なうか否か以外は，2つの群の違いがないようにする。そのため，準実験のように介入以外の要因の効果が結果に混入することはない。

「**システマティック・レビュー**」，あるいは「**系統的レビュー**」と呼ばれます。

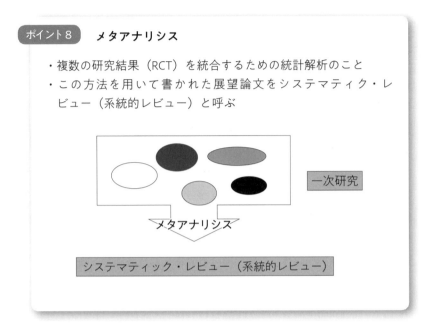

> **ポイント 8**　　**メタアナリシス**
>
> ・複数の研究結果（RCT）を統合するための統計解析のこと
> ・この方法を用いて書かれた展望論文をシステマティク・レビュー（系統的レビュー）と呼ぶ
>
> 一次研究
>
> メタアナリシス
>
> システマティック・レビュー（系統的レビュー）

6　コクラン・キャンベル共同計画

　これからの私たちの臨床は，質の高い最新最善のエビデンスを検索して，それを用いなければいけないということをお話ししました。では，どうすればメタアナリシスの論文が手に入るのでしょうか。どこにそんな論文があるのでしょうか。やはりこれが困るところだと思います。

　今日，ご紹介したいのは「**コクラン**」「**キャンベル共同計画**」というものです。お聞きになったことはあるでしょうか。あるいはこのコクラン，キャンベルの論文をお読みになったことはあるでしょうか。これは，システマティック・レビューをたくさん書いていこう，そしてたくさん出版していこうという研究者たちのグループです。私もこのコクランのメンバーに入っています。コクランは，システマティック・レビューを出版して，世界中の患者やその家族，医療従事者，政策決定者などが最新最善のエビデンスに容易にアクセスできるようにすることを目的とした国際組織です。ロンドンに本拠地があって，もう 20 年を迎えました。キャンベルはもう少し歴史が浅いです。

　そしてコクランは医療中心，キャンベルは社会科学が中心です。ただ，どちらにも臨床心理学の論文はたくさんあります。

> **ポイント9**　**コクラン・キャンベル共同計画**
>
> ・システマティック・レビューを出版し，世界中の患者やその家族，医療従事者，政策決定者などが，最新最善のエビデンスに容易にアクセスできるようにすることを目的とした国際組織
> ・現在，最も信頼のおける系統的レビューを提供している

　たとえば「認知行動療法にうつ病を治すエビデンスはあるのか」ということをシステマティック・レビューで読んでみたいと思えば，コクランのサイトに行って，こういった論文を検索すればよいのです。他には，最近流行の**マインドフルネス**[10]というものもあります。ただ，新しいからといって飛びついてしまうのは，エビデンス・ベイストとしてはあまりよい態度ではありません。マインドフルネスには本当に効果があるのだろうか？　と思ったら，コクランにたくさん論文はありますから，それを読んでみましょう。

　ちなみにポイント9で示したコクランの論文の表紙ですが，これは私が，認知行動療法の覚醒剤依存症に対する効果を検証した論文です（Harada et al., 2018）。覚醒剤依存症の人たちに，認知行動療法は効果があるのだろうかということを検証しています。このようなメタアナリシスが今のところ，最も信頼がおけるエビデンスだと言えるのです。

　エビデンス・ベイストの時代には，私たちの臨床態度を変えなければいけないという話を最初のほうにしました。これからはコクランやキャンベルの論文を読んでみて，本当にエビデンスがあるのかどうかをチェックをしたうえで，その介入を行なうという態度が大事になってくるのではないかと思います。こういったことは，面倒くさいかもしれませんが，面倒くさいからやらないというのは専門家としてやはりよくないですよね。

　　　　　　　　　　　　講義メモ

10 マインドフルネス　マインドフルネスとは，原始仏教で2500年以上前から実践されていた瞑想などをもとにしたアプローチで，体内や心で体験される出来事一つひとつに，価値判断や反応をせず，受け入れるような姿勢で意識を傾け，その意識を持続することを指す。

・専門家の意見や経験，事例研究，観察法，準実験は，エビデンスとはならない。
・メタアナリシスとは，複数の RCT の結果を統合したもので，現在最も信頼されるエビデンスとなっている。
・「コクラン」「キャンベル共同計画」は，メタアナリシスによるシステマティック・レビューを提供する国際組織である。

 これからの臨床のために

1 求められる臨床態度

　ここから PART 3 の最後の章になります。これからの臨床のために，私たちは何をしなければいけないのでしょうか。たとえば，前章では「キャンベルやコクランを読みましょう」ということをお伝えしました。他にもいくつかお話をしたいと思います。まずは，今後求められる臨床態度についてです。

> **ポイント1　求められる臨床態度**
> ・健全な懐疑心と科学的態度＝常識を疑う
> ・「効果がある」と決めてかかる，教科書や権威の言うことをそのまま信じること（複製モード）からの脱却
> ・真にエビデンスがあるのかどうか，データや研究を検索する＝検索モード
> ・研究から導かれたエビデンスを吟味する＝検証モード

　まず最初に必要なのは，「**健全な懐疑心と科学的な態度**」です。これは常識を疑うということです。今までは「フロイトが言うことは正しい」とか「教科書にはこう書いてあった」「大学でも教わったし，偉い先生も言っている，当たり前だ」と思っていたことを，一度疑ってみましょう。今まで言われ続けてきたことは本当に正しいのか，「認知行動療法は本当に効果があるんだろうか」「箱庭療法はどうなんだろうか」「パーソンセンタードだってどうなんだろうか」というように常識を疑うところから始めるべきです。

　効果があるとはなから決めてかかる，偉い人が言うことは無批判的に信じる，このような態度を「**複製モード**」の臨床と呼びます。「複製モード」は，データに基づかないで，自分の直観，好み，習慣などに基づいて介入を行なうことです。そして，権威の言うことを鵜呑みにします。まさにコピーをして，それが正しいと信じ込んでいるのが複製モードです。

対してこれから求められる態度は，以下の２つです。まず，本当にエビデンスがあるのかどうか，研究やデータをきちんと探す，これを「**検索モード**」と言います。もう一つは，そのエビデンスが本当に質が高いのか，あるいはクライエントに当てはまるのか，それを検証する「**検証モード**」です。

2　EBP 時代に求められる臨床

これからの「検索モード」「検証モード」に基づく臨床は，以下のようになります。

> **ポイント2**　**EBP 時代に求められる臨床**
>
> ・検索モード，検証モードの臨床
> ▶最新最善のエビデンスを検索する
> ▶エビデンスの質を吟味する
> ▶クライエントの価値観や背景などを理解する
> ▶最新最善のエビデンスをもとにして，クライエントの価値観や背景などを考慮しながら，介入法を決定する
> ・EBP とは，私たちに臨床態度の変革を求めるものである

まず，最新最善のエビデンスを患者，クライエントの価値観や背景などを理解し，それを考慮しながら介入法を決定すること。それから常に自分の知識をアップデートして，最新最善のエビデンスを検索し，知っておくこと。このとき大切なことが，**エビデンスのクオリティー**の吟味です。どれだけクオリティーが高いのか。前後比較ではダメだなとか，これはRCT だなというふうに検証をする。また，ナラティブも大事です。クライエントの話をよく聞いて，エビデンスがきちんとその方に当てはまるのかどうかを見きわめる。そしてクライエントのニーズとエビデンスをマッチングする。こういったことを私たちはこれから日々の臨床の中でやっていかなければなりません。

ということで，繰り返しになりますけれども，エビデンス・ベイストというのは，頭の中だけで完結するのではなく，私たちのこれからの毎日の臨床の態度を変えていかなければいけないものです。これが，私が一番強調したいことです。

そしてこれも再度強調したいことですが，エビデンスというのはクライエントのためにあるものであって，EBP こそが倫理的な臨床だというこ

とです。真に効果がある治療を提供する。それがエビデンス・ベイストであるということだと思います。

　今日，お話しした内容は，まだ門をコンコンとノックしたような，入門編のお話です。もう少し詳しい内容，論文の検索の仕方だとか，RCT を実施する方法とか，あるいはコクランのレビューを読んでも，なかなか最初はもう何が何だかわからない，あるいはメタアナリシスとはどういうものなのかとか，まだまだ身につけなければいけない臨床技能というのはたくさんあるのです。それを深めたいと思っていただけた方は，次の推薦図書をお読みいただければと思います。

> **ポイント3　推薦図書**
>
> ・原田隆之（2015）『心理職のためのエビデンス・ベイスト・プラクティス入門——エビデンスをまなぶ，つくる，つかう』金剛出版

3　科学とは？

　最後にちょっと衝撃的なことをお伝えして締めくくろうと思います。こちらをご覧ください。

> **ポイント4　最後に**
>
> ・今日お話ししたことは，全部間違いかもしれません
> ・鵜呑みにしないでください

　今まで皆さんにお話を聞いていただきましたが，私がお話ししたことは，もしかすると，全部間違っているかもしれません。ですから，鵜呑みにしないでくださいということなんです。怒らないでください。お金を返せとか，今までの時間を返せとかと言われても，お金は返したくないし，時間は返せないので，返しません。ただ何でこんな最後にテーブルをひっくり返すようなことを言うのかというと……，実はここからの話が，私は今回一番伝えたかったことなのかもしれません。

　エビデンス・ベイストは科学的な臨床ということですが，科学にしろ，エビデンス・ベイストにしろ，やはり疑うことから始まります。先ほども

「**健全な懐疑心**」とお伝えしましたが「今日はいいことを聞いた。そのとおりだ」とはなから信じてしまっては，健全な懐疑心をもっているとは言えません。科学は素晴らしいものであることは間違いありませんが，科学も万能ではないし，私がお伝えしたことも，パーフェクトなのかと言われたら，おそらくそうではないでしょう。

> **ポイント4　科学とは？（1）**
> ・科学にしろ EBP にしろ，疑うところから始まる
> ・これが科学的態度であり，健全な懐疑心
> ・科学とは，確からしさを積み重ねていくものであり，真理を提供するものではない
> ・絶対間違いのない真理を求めるなら，それは宗教
> ・エビデンスがあるから絶対だ＝科学ではなく「科学教」

　科学というのはここに書いてあるように，石を積み上げるように，確からしさを積み上げていくものです。絶対的な真理を提供するものではありません。絶対的な真理を提供するのであれば，「私の言ったことを全部信じなさい」ということになり，それは科学ではなく宗教です。エビデンスがあるから絶対だとか「私が言っていることを皆さん，全部信じてください。これが真理です」というのは，それはそれで危ない宗教・カルトのようなものになってしまいます。

> **ポイント5　科学とは？（2）**
> ・エビデンスによって確からしさが増える
> ・間違う可能性が減る
> ・進歩することができる

　エビデンスによって確からしさは増えます。ですから従来の複製モードの臨床よりも，今日お伝えしたような検証モードや検索モード，エビデンス・ベイストによって，間違う可能性が減ります。しかし，間違いは残っています。完璧ではないわけです。ただし，そこには進歩があるのです。
　最後に，アインシュタインの言葉を紹介したいと思います。彼はこういったことを言っています。

「現実の世界にくらべれば，科学などはごく素朴で他愛のないものでしかない。それでもやはり，私たちがもてるものの中で一番貴重なものなのだ」

以上で，今日の私のお話は終了です。お付き合いいただきまして，どうもありがとうございました。

今日お話ししたことは，
全部間違いかもしれません

な，なんだってー！

健全な懐疑心を持ちましょう

ま と め

・エビデンス・ベイストのためには，「複製モード」の臨床ではなく，「検索モード」「検証モード」の臨床が求められている。

・エビデンス・ベイストは，頭の中だけで完結するのではなく，これからの毎日の臨床の態度を変えていかなければならない。

・科学的態度とは，健全な懐疑心をもつことから始まる。科学とは，真実を提供するものではなく，確からしさを積み上げていくことで，真実に向かって進歩するためのものである。

確　認　問　題
TEST 1

以下の文章について，正しい文章には○，正しいとは言えない文章には×をつけなさい。

(1) ランダム化比較試験においては，研究参加者に介入を希望するか否かを問い，2群に分けて両者の比較を行なう。　　　　　　　　　　　　（　　　　　）

(2) ランダム化比較試験において，対照群には何の介入も実施しないようにしなければならない。　　　　　　　　　　　　　　　　　　　　　（　　　　　）

(3) ホメオパシーは，自然素材を用いた代替医療を行なうという発想が荒唐無稽であるゆえに，実施してはならない。　　　　　　　　　　　　（　　　　　）

(4) エビデンス・ベイスト・プラクティスは，人間は間違う可能性がある，ということを前提としている。　　　　　　　　　　　　　　　　　（　　　　　）

(5) エビデンス・ベイスト・プラクティスにおいて，エビデンスのハードルはできるだけ高いものを採用するべきである。　　　　　　　　　　　（　　　　　）

(6) エビデンス・ベイスト・プラクティスにおいて，適切にエビデンスが認められた介入を選択するためにも，判断のバイアスとなりうる患者の価値観・背景・好みなどは考慮するべきではない。　　　　　　　　　　　　　（　　　　　）

(7) エビデンス・ベイスト・プラクティスは，データを用いた人間理解を目指しているわけではない。　　　　　　　　　　　　　　　　　　　（　　　　　）

(8) エビデンスの質は，データが出てきたもともとの研究がどのように行なわれたのかという，研究の方法やデザインに依存する。　　　　　　　（　　　　　）

(9) コクランの論文は，守秘義務に基づくものであるため，患者や家族，医療従事者や政策決定者などが容易にアクセスできないよう，厳重に管理されている。
　　　　　　　　　　　　　　　　　　　　　　　　　　　　　（　　　　　）

(10) 科学とは，真理を提供するものである。　　　　　　　　　　（　　　　　）

確 認 問 題
TEST 2

次の空欄にあてはまる用語を記入しなさい。

(1) サケット（Sackett, 2000）による EBM の定義によれば，EBM は（　①　）と（　②　）と（　③　）という 3 つの要素から成り立っている。

(2) 複数の RCT の研究結果を統合する統計解析のことを（　④　）と言う。また（　④　）の手法を用いて書かれている論文は（　⑤　）または（　⑥　）と呼ばれる。

(3) これからの EBP 時代に求められる臨床態度は，教科書や権威の言うことをそのまま信じる（　⑦　）モードの臨床ではなく，真にエビデンスがあるのかデータや研究を検索する（　⑧　）モードや，研究から導かれたエビデンスを吟味する（　⑨　）モードの臨床である。

確認問題
TEST 3

以下の①〜⑥を，エビデンスのヒエラルキーが低い順に並べ替えなさい。

① ケースコントロール研究などの観察法による知見

② 事例研究による知見

③ ランダム化比較試験のメタアナリシス

④ 専門家の経験や個人的意見

⑤ 準実験による知見

⑥ ランダム化比較試験による知見

確 認 問 題
TEST 4

以下の問いに答えなさい。

(1) 心理学的な介入において，エビデンスを軽視することにより，どのような問題が生じるか論じなさい。

(2)「EBP において，ナラティブが軽視されている」という批判に対する反論を述べなさい。

(3)「すべての臨床家は EBP を重視すべきである」という意見がある。この意見の根拠を述べなさい。

(4)「エビデンスによって，特定の流派や技法を批判するべきではない」という批判に対する反論を述べなさい。

(5) 前後比較研究は，なぜエビデンスとしての質が高いとは言えないのか，その理由を論じなさい。

(6)「エビデンスがある介入方法は，絶対に正しい」という意見に対する反論を述べなさい。

解答例

TEST 1

(1) ×　介入を希望するか否かで2群に分けると，介入の効果に対する期待などが結果に影響を及ぼす可能性がある。よって，ランダム化比較試験ではランダムに2群に分けることが求められる。

(2) ×　対照群に別の種類の介入を行なうこともある。対照群は「比較対照のための群」という意味である。

(3) ×　もちろん荒唐無稽だからということで問題視している人もいるが，科学的な根拠がないにもかかわらず用いられていることが問題とされている。

(4) ○

(5) ○

(6) ×　患者の価値観・背景・好みなどを考慮して，適切な介入を選択するべきである。

(7) ○

(8) ○

(9) ×　エビデンスが活用できるよう，容易にアクセスできるようになっている。

(10) ×　科学は「確からしさ」を積み重ねるものであり，絶対的な真理を提供するものではない。

TEST 2

(1) ①最新最善のエビデンス，②患者の価値観・背景，③臨床技能（①～③は順不同）

(2) ④メタアナリシス，⑤系統的レビュー，⑥システマティック・レビュー（⑤・⑥は順不同）

(3) ⑦複製，⑧検索，⑨検証

TEST 3

④→②→①→⑤→⑥→③

TEST 4

(1) 　心理学的な介入において，エビデンスを軽視したことによって起こった出来事の例として，東日本大震災の被災地支援で子どもたちに行なわれた「アートセラピー」の問題があげられる。被災した子どもたちに「アートセラピー」として，津波や家が流された様子の絵を描いてもらうという介入が行なわれた。しかし，絵を描いた子どもたちが夜中にうなされてしまったり，情緒不安定になったりということが報告された。この事態を受け，日本心理臨床学会は「アートセラピーによって，気付いていな

い不安や怒りが出る恐れがある」と述べ，アートセラピーの実施について注意を呼びかける指針がまとめられた。実際，衝撃的な体験をした後の間もない時期に，その体験を思い出させる介入は適切ではないというエビデンスが多くの論文ですでに示されており，この問題はエビデンスを軽視した例と言える。

　仮に支援者が最大限の善意で行なったものだとしても，結果としてよくなるどころか，害をなしてしまったということであれば，やはり責任を免れるものではない。よって，エビデンスを軽視することは，結果として患者やクライエントの利益にならないどころか，害をもたらす可能性があるということを，心理専門職は十分に自覚するべきであると考えられる。

(2) 　EBPではその定義の中で「最新最善のエビデンスを，患者の価値観や背景，好みなどを考慮しながら適用すべきだ」ということが強調されている。エビデンス・ベイストは「データ偏重であり，数字ばかりを気にしている」という誤解をもたれやすいが，決してそうではない。データばかりを見て機械的・画一的に対応するのは，エビデンス・ベイストからはかけ離れた態度であり，EBPでは患者やクライエントの話を丁寧に聴き取り，その価値観や背景・好みを確認しながら，上手にエビデンスを適用することが求められる。

　つまり，EBPにおいては患者のナラティブがむしろ重視されており，「EBPにおいてナラティブが軽視されている」という意見は妥当ではない。

(3) 　心理学的な介入を行なうにあたり「どのような介入が効果的か」ということは，非常に大事なクエスチョンである。その問いに答える際，科学的なエビデンスを用いるべきである。なぜならば，直観や長年の経験などとは違って，それはバイアスが少なく，間違った回答を導き出す危険性が低いからであり，何よりもそれがクライエントのためになる倫理的な方法だからである。

　もちろん科学は完璧ではなく，間違うこともある。ただその危険性は，直観・好み・経験による判断と比べれば低い。時代が進み，より間違うことが少ない方法が出てきたならば，それに頼るべきではあ

るが，現時点は科学に頼るのが一番賢明と考えられる。

よって，「エビデンスが好き・嫌い」や「データが好き・嫌い」など，そのようなこととは関係なく，すべての臨床家は，科学的な手法であるエビデンス・ベイスト・プラクティスを実践すべきである。

(4)　科学や学問において，健全な批判は非常に重要である。健全な批判とは，単なる感情的な悪口ではなく，合理的で科学的な批判のことである。このような健全な批判によって，科学や学問は進歩することができる。信奉している立場や心理療法に対して「エビデンスに欠ける」と批判されたことに対し，反論するのであれば「悪口を言うな」などと感情的に反発するのではなく，やはり科学的な研究によって反論をすべきである。感情的に批判を返すのは，健全な批判とは言えない。もし科学的な反論ができなければ，エビデンスのない方法は放棄すべきである。

また，エビデンスはセラピストの立場を守るためのものではなく，クライエントのためにあるものである。エビデンスを示すことのできない流派や技法はクライエントのためにならない。よって，エビデンスに欠ける特定の流派や技法を批判することは，やはり重要な批判であると考えられる。

(5)　前後比較研究では介入の前後を比較して変化を見るものであるが，仮に介入前後で何らかの変化が見られたとしても，それが介入の効果なのか，あるいは他の要因なのか特定することができない。

たとえば，心理療法を受ける前と後でうつ病のスコアを比較したとしても，心理療法の効果以外にもさまざまな要因がスコアの変化に影響する。たとえば，カウンセリングを受けたというだけで気分がよくなってしまう「プラセボ効果」がある。また，心理療法の前後で時間が流れているため，自然によくなったり，本人の成長に伴ってよくなったりという「経時的変化」の影響もある。心理療法とはまったく関係のないところで，「外的環境が変化」してスコアが変化することもある。「平均への回帰」という統計的な現象によってスコアが変化する可能性もある。

以上のことから，前後比較実験は介入効果のエビデンスを提供せず，むしろ誤った因果関係を導いてしまう恐れが大きい。よって前後比較研究は，エビデンスの質が高いとは言えないのである。

(6)　科学は，絶対的な真理を提供するものではない。絶対的な真理を提供するのであれば，「私の言ったことを全部信じなさい」ということになり，それは宗教になってしまう。エビデンスによって確からしさは増えるが，間違う可能性はある。エビデンスは絶対的なものではない。

よって，エビデンスを無批判に受け入れていくのではなく，エビデンスの質を常に検証し続ける「検証モード」の姿勢や，最新最善のエビデンスを検索したうえで，一人ひとりのクライエントの価値観や好みを理解し，クライエントに合ったエビデンスを提供する「検索モード」の姿勢が求められる。

PART 4

心理職の職業倫理の
基本を学ぶ

公認心理師の基本義務である倫理の遵守について，心理職にとって職業倫理がなぜ必要か，職業倫理とは何か，職業倫理をどのように実践の場で活かしていくことができるのかについて基本的な点を中心に体系的に解説します。

講 義

金沢吉展
明治学院大学心理学部　教授

0 はじめに：
講義の概略

- アメリカの心理職は問題が多いが，日本の心理職は常識的
- 倫理は抽象概念
- 倫理はわからない，関係ない
- 倫理は面倒だ，邪魔だ
- 誰にも文句を言われないなら倫理的
- 法律を定めれば倫理は不要
- 倫理綱領を覚えればよい
- アンケートの多数意見が倫理

1. 心理職の職業倫理に対する印象

明治学院大学の金沢と申します。

「心理職の職業倫理の基本を学ぶ」ということで，少し皆さんとご一緒に考えてみたいと思います。ここでは，心理職の職業倫理の文字どおり基本的なことをお話しします[01]。

ではどんなことをお話ししようかということですが，基本の「き」ということで，導入を少しお話ししたいと思います。

心理職の職業倫理ということを聞かれて，皆さんはどのように思われますでしょうか。私はこれまでいろいろなところでワークショップを実施したり，また心理職の倫理の授業を行なってきております。その中で投げかけられたさまざまな疑問があります。皆さん，以下をご覧いただき，少し考えてみてください。いかがでしょうか。

「倫理についてあなたは以下の意見に賛成ですか？」
- 倫理は個々人の常識で十分
- 外国と日本は違う

たとえば「倫理というのは，一人ひとりの常識で十分ではないか」と思われる方，あるいは「外国には確かにいろいろな人がいる。確かに外国は心理職の人数も多いかもしれない。いろいろな人がいるから，倫理をいろいろ考えたり，決めたりする必要があるだろう。でも日本はそんなことはなく，日本の心理職はみんな常識があるからいいのではないか」と思われる方もいらっしゃいました。

あるいは「倫理というのは抽象的な概念だから，難しいし，わからない。そういう抽象的な話は私にはあまり関係のあることではない」と思われる方，「難しい話で，面倒な話だな。実際に臨床をするうえではちょっと邪魔な，面倒な理屈なのではないか」と思われる方もいらっしゃいます。

また，「今まで私は誰にも文句を言われたことがないから，私は倫理的に問題ないと思います」とおっしゃられる方もいらっしゃいます。それから「心理職についての法律を決めれば，倫理は別に決めなくてもいいのではないか」。たとえば公認心理師の法律が可決され，施行されました。実際に今まで心理職の法律はな

講義メモ

01 本講義の内容は，『臨床心理学の倫理をまなぶ』（金沢，2006）に基づいている。本講義の内容について，さらに詳しく学びたい方は，ぜひご覧いただきたい。

かったわけですが「やっとそういう法律ができたので，もうこれでいいのではないか。特に倫理ということを考える必要はないのではないか」と思われる方もいらっしゃいました。

いろいろな団体が倫理綱領[02]というものを出しています。それを読まれた方がどのくらいいらっしゃるかわかりませんが，「倫理綱領を読んで覚えればいいのではないか」とか，あるいは，「実際の心理職にアンケート調査を行なって，多数の意見が出ればそれは倫理と言えるのではないか」など，いろいろな疑問が実際にワークショップや授業に参加された方から投げかけられました。

皆さんはいかがでしょうか。皆さんの中にも，「私もそう思う」という方もいらっしゃるかもしれません。しかし，「面倒だ。要らない」「実際に面接するうえで邪魔だ」「抽象的な知識だから私には関係ない」という考え方は，つきつめて言えば，倫理は要らないという考えにつながってしまう可能性があります。

2.「職業倫理不要論」の弊害

「職業倫理は不要だ」という考えにいたることで，どのような問題が生じるでしょうか。

「職業倫理不要論」の弊害
・職業倫理教育が不実施・不十分
・問題が後を絶たない
・社会的信頼を失う危険
・社会，クライエントの方々への貢献が不十分になるおそれ

・「する側」中心の援助行為となり，人々の人権を十分に擁護することが難しくなる
・心理職が専門職として確立できない

まず「職業倫理教育が実施されない，あるいは行なわれても不十分である」という問題が出てきます。特に教える側の人たちに先ほど申し上げたような疑問があると，職業倫理が実際の授業として取り上げられません。あるいは取り上げたとしても，片手間で終わってしまうという問題があります。

ちなみに，日本の臨床心理士の中で「心理職の職業倫理」という授業を実際に履修したことがある人は非常に少ないのです。ある調査では約7％という結果も出ています（慶野，2013）。私もいろいろなところでワークショップを行なっていますが，その時に「職業倫理の授業を取ったことがある方はどのぐらいいらっしゃいますか」と尋ねると，およそ1割ぐらいです。

しかし，この講義を受けていただいている心理職の方の中に，心理検査の授業を履修したことのない方はおそらくいらっしゃらないと思います。あるいは臨床心理面接の授業を履修したことのない方も，おそらくいらっしゃらないと思います。ところが，倫理になると途端にもうゼロ，あるいは数名ということになってしまうのです。

職業倫理教育が行なわれていないということは，単に「倫理の授業が行なわれていない」というだけではなく，臨床の現場で「問題が後を絶たない」という現実になって，私たちに降りかかってきます。いったいど

宮川 純（河合塾KALS講師）

02 倫理綱領　たとえば，公益財団法人 日本臨床心理士資格認定協会が定める臨床心理士倫理綱領がある。　http://www.fjcbcp.or.jp/wp/wp-content/uploads/2014/03/PDF01_rinrikoryopdf.pdf
公認心理師については，たとえば一般社団法人東京公認心理師協会の定める倫理綱領が存在する。　http://tsccp.jp/pdf/rinrikoryo_20190113.pdf　しかし，公認心理師全体として統一された倫理綱領は2019年現在発表されていない。

んな問題があるのでしょう。それは後で，皆さんにお伝えしたいと思います⁰³。

「問題が後を絶たないということは，私たちが専門職として，社会から信頼を失ってしまう危険がある」ということです。私たち心理職には道具がありません。私たちの道具は**言葉**なのです。人とかかわり，人と関係を作り，そして言葉を用いて，言葉を中心にして援助を行なう。言葉以外に道具のない私たち心理職が，結局，信頼を得ることができなかったら，仕事はできないわけです。単に仕事ができないだけではなく，社会の人々の幸福，福祉に寄与することができない。それは最終的には社会にとってマイナスということになります。

次の問題として，倫理という枠組みがないと，「実際に援助をする側の考えで物事を進めてしまう点」があげられます。少し言葉は悪いかもしれませんが，援助する側の考え次第で，クライエントを利用してしまう恐れが出てしまうのです。私たちはクライエントのために，利用者の方々のために援助を行なっているわけですが，その方々を十分に守りながら援助を行なっていくということが難しくなってしまいます。その

結果，「心理職が社会から認められ，専門職として確立することができない」という事態になってしまうわけです。

3.　本講義で伝えたいこと

本講義でお伝えしたいことは，以下のとおりです。

「心理職の職業倫理の基礎的な事柄」
「心理職として実務経験を有する心理職へ」
　⇒ 実践を見直すための枠組み
「これから本格的に実務に携わろうとする心理職へ」
　⇒ 実践に必要な問題解決力・枠組みへの
　　 方向づけ

まず心理職の職業倫理の基本的な事柄をお伝えしたいと思います。それは実際に今，心理職として実務を行なっておられる方々にとっては，ご自身の実践を見直す機会になるだろうと思います。実際に私がいろいろな職業倫理のワークショップや研修会を行なって

講義メモ

03 PART 4「1　心理職の職業倫理的問題」で詳しく述べる。

職業倫理を学ぶ意味

すでに実践に
関わっている方

これから実践に
関わっていく方

より良い臨床に！

いますと，先ほどお話ししたように，ほとんどの方は職業倫理に関する授業を受けていませんから，職業倫理を初めて聞いた，初めて知ったという方が多いわけです。初めて知ったことによって，ショックを受けることがあります。ショックを受けると，そういった方々の中には，それは自分が行なっているほうが正しいと考える方もおられます。ご自分が行なってこられたことを見直すというのは，実際に実務についておられる方々にとっては，なかなか難しいことかもしれません。しかし私たちは，新しいことを学びながら，常に自分たちの実践を見直し，そしてよりよいものにしていく責任があるだろうと思います。

またこれから実践に携わるという立場におられる方々にとっては，これからの実践に必要な枠組み，あるいは実践の場で問題解決を行なっていく力を身につける一つのガイドラインになっていくだろうと思います。

このようなことを狙いとして，これから皆さんと一緒に，職業倫理について考えていきたいと思います。

4．講義の内容

本講義の内容は，以下のとおりです。

1．心理職の職業倫理的問題
2．職業倫理の定義と必要性
3～6．職業倫理の7つの原則

まず「1．心理職の職業倫理的問題」では，「これまでどのような問題が報告されてきたか」をお伝えします。いろいろな倫理的問題が報告されています。表に出てきているものが決して多いわけではありませんが，ただその中でどのような問題がメディアで報道されているか，それをまずご紹介しておきたいと思います。そのことによって「こういう問題があるのか。だったらこれは何とかしなければいけない」という問題意識をもっていただけるのではないかと思います。

次に，「2．職業倫理の定義と必要性」において，そもそも「職業倫理とは何か」をご説明します。そして，具体的に職業倫理とは何かをお伝えした後で，「職業倫理はなぜ必要か」をお伝えします。なぜ職業倫理について知り，考え，そしてまた実践をしていく必要があるのかということについて，説明します。そして，その後「職業倫理の7つの原則」ということで，職業倫理の基本的な原則を説明していきたいと思います。

心理職の職業倫理的問題

1 心理職の職業倫理的問題の実例

ではまず最初に，これまで報道されてきた倫理に関する問題について，皆さんにお伝えしたいと思います。以下に新聞報道というかたちで，活字になって表に出たものが5件あります。

> **ポイント1** 心理職の職業倫理的問題（新聞報道）
>
> ・「実名消し忘れ公開　登校拒否で受けた相談の関係文書　千葉県教委」1999年7月3日朝日新聞夕刊
> ・「相談，無断で録音　事例研究に活用　道いのちの電話　北海道」2002年10月4日朝日新聞夕刊
> ・「カウンセラー，実は"替え玉"双子の兄　弟装い，熊本県内の中学へ」2003年12月11日 朝日新聞朝刊
> ・「県立高生の相談情報紛失　スクールカウンセラー　埼玉県」2007年5月23日朝日新聞朝刊
> ・「香川大教授の準強制わいせつ：有罪判決確定へ」2009年12月11日毎日新聞朝刊

もちろん他にもたくさんあります。テレビのワイドショーで取り上げられたものもあります。あるいは学会の調査で取り上げられた報告もあります。他にもいろいろありますが，今回はこの5件についてのみ，簡単にご紹介したいと思います。

2 各実例の詳細

1. 実名消し忘れ公開

まず1つめに「実名消し忘れ公開　登校拒否で受けた相談の関係文書

千葉県教育委」とあります。1999年7月3日の朝日新聞夕刊です。なお現在は「登校拒否」という言葉を使わずに、「不登校」と呼びますが、99年当時ですから「登校拒否」という言葉になっています。この事件はどういうものだったのか、簡単にご説明いたします。

　ある女性が高校在学中に、今でいう不登校になってしまいました。そして千葉県教育センターで、カウンセリングを受けていました。その後カウンセリングが終結[01]して、しばらく経ちました。当時の自分を振り返ってみたいと思われたのだろうと想像しますが、女性は「自分の面接の記録を見せてほしい」と、千葉県教育センターに伝えました。

　「面接の記録を見せてもらえませんか」といった話は、このケースに限らず現場で実際に起こります。もうちょっと日常的なレベルですと、たとえば面接中に面接の記録を書いていらっしゃる心理職の方に対して、クライエントが「先生、何を書いていらっしゃるのですか。それを見せてもらってもいいでしょうか」といったことも実際に起こります。

　面接の記録をクライエント（この件の場合、カウンセリングを受けていたご本人）は見られるのでしょうか。あるいは見られないのでしょうか。千葉県教育委員会は、「面接の記録は秘密のものですので、ご本人といえどもお見せすることはできません」との判断を下しました。

　これに対して女性は納得しませんでした。「私自身の記録なのに、どうして私が見ることができないのですか」と言って、千葉県の教育委員会に対して見せてほしいと、再度求めます。それに対して、千葉県教育委員会は「やはり見せられない」と言い、ご本人と教育委員会の間でやりとりが何回か行なわれます。

　ここから話がもう少し複雑になります。というのも千葉県の条例がここに絡んでくるのです。当時、千葉県には千葉県公文書公開条例[02]がありました。この条例の趣旨は情報公開です。民主主義の基本である国民主権を確実なものにするために、市民・国民なら誰でも、役所や公務員や政治家が行なっていることを監視・チェックできるようにする必要があります。そこで、議会で話し合われたことや、政治家・公務員が行なったことなどの情報をオープンにする必要があります。それが情報公開制度です。現在では、国の法律[03]もあります。

　今回のケースに話を戻します。クライエントの女性の面談記録について、別の男性が千葉県の公文書公開条例を根拠に、千葉県教育センターに公開の請求を出しました。

　情報公開の制度においては、公開が請求された場合、基本的に3つの対応があります。1つめは**全面開示**。これは情報公開制度の基本です。民主主義の基本ですから、国民が知る権利がある。したがって、すべて公開するのが基本です。2つめは**非開示**。「プライバシーの保護の観点から、お

講義メモ

01 終結　心理面接の目標が達成された場合など、次回の面接日程を設定せず、面接の継続を終了すること。
　クライエント側にある程度の変容が見られた段階で、クライエントが一方的に面接の継続を断ち切ることも少なくないため、心理職とクライエントの合意のもと終結するケースは、必ずしも多くない。

講義メモ

02 千葉県公文書公開条例
1988年3月28日制定。
https://www.pref.chiba.lg.jp/shinjo/jouhoukoukai/seido/sankou/minaoshi/koukai.html
その後、2000年に千葉県情報公開条例が制定されたことにより、千葉県公文書公開条例は廃止された。
https://www.pref.chiba.lg.jp/shinjo/jouhoukoukai/seido/jourei/jouhou.html

03 国の法律　情報公開法のこと。1999年制定、2001年施行。行政文書の開示を請求する国民の権利について定め、行政機関が保有する情報の原則公開を義務づけた法律（小学館『大辞泉』より）。

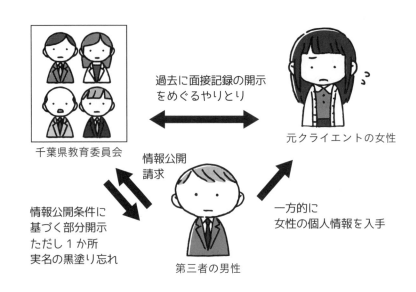

過去に面接記録の開示
をめぐるやりとり

千葉県教育委員会

情報公開
請求

元クライエントの女性

情報公開条件に
基づく部分開示
ただし1か所
実名の黒塗り忘れ

第三者の男性

一方的に
女性の個人情報を入手

見せできません」という非公開を選ぶことができます。3つめが**部分開示**。全面開示と非公開の中間にあり「一部を公開しない，残ったものをお見せする」という開示方法です。なお，千葉県公文書公開条例においては，「開示」は「公開」と記されていました。

　今回の案件はいったいどうなったのでしょうか。この男性の公開請求に対して，千葉県教育センターは，クライエントの女性との面接記録をもちろん非公開にしました。これは当然，プライバシーの保護のためです。それ以外の情報は，公開または部分公開にしました。ところが一つ，部分公開にしたものに問題がありました。それは，女性と千葉県教育センターがやりとりをした文書です。「見せてほしい」「見せられません」「見せられないと言われても，やはり私には見る権利があるのではないか」「見せられません」というやりとりの文書のうち，千葉県教育センターから出した文書の1か所に女性の名前の墨塗りを忘れてしまった箇所があったのです。

　つまり「墨塗りをすることによって，女性の名前を見せないようにする」という部分公開の仕方で文書を公開したところが，1か所だけ名前の墨塗りを忘れたために，女性が誰であるか，この第三者の男性にわかってしまったのです。

　わかってしまったことをその後，取り消すことはできません。第三者の男性に知られてしまった以上，その男性が何人の方に情報を拡散したのかわかりません。知られてしまった情報を取り消すことはもうできないのです。これが情報の恐ろしいところです。

2．相談を無断で録音

　次は，北海道の話です。北海道の社会福祉法人が運営している「いのち

の電話」の相談にかかってきた電話をめぐる問題です。この社会福祉法人
における電話相談の研修の一つに，実際にかかってきた電話を録音して
テープを作り，それを研修員の方々に貸し出すということが行なわれてい
ました。皆さん，どうでしょう。かかってきた電話を無断で録音して，そ
のコピーを作って，それをご本人に知られない状態で，無断で研修員の方
に配ってよいのでしょうか。確かに電話相談をするときに，普通の方は名
乗りません。名乗らないけれども，お名前がわからないけれども，使って
いいのでしょうか。

　たとえばこんなことが考えられます。その社会福祉法人で，電話の研修
を受けている方が，あるときテープを借りて，練習をしようと思って，家
に持って帰ります。当時はラジカセの時代なので，ラジカセのところに置
いておいたとします。すると，そのご家庭のお子さんが学校から帰ってこ
られて，ラジカセのところにテープがある。何だろうと思って聞いてみた。
すると，テープから流れてきた声は，自分の同級生の声ではないか。この
ようなことが，十分ありえます。

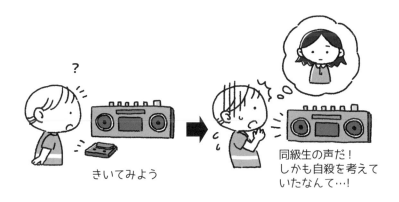

きいてみよう

同級生の声だ！
しかも自殺を考えて
いたなんて…!

3.　"替え玉"カウンセラー

　3つめは，熊本県内の話です。スクールカウンセラーとして勤務してい
た，当時，熊本県の私立大学の教授だった人の話です。この人は双子でし
た。スクールカウンセラーの業務を行なっているのは，双子の弟のほうで
す。ところが，弟のほうは実際には学校には行かずに，自分と瓜二つのそっ
くりな兄に学校に行ってもらい，そして自分はスクールカウンセラーの謝
金を受け取っていたという事件です。

4.　相談情報紛失

　4つめは，皆さんにとってより身近なお話かもしれません。埼玉県のス
クールカウンセラーが，学校のパソコンを使って相談記録を書いて，相談

記録を USB に保存しました。その USB を学校から持ち帰って，なくしてしまったという事件です。皆さんも新聞などで，他の専門職の方，たとえば学校の先生やお医者さんが，生徒の通知表のデータを入れた USB やパソコンを電車でなくしてしまった，あるいは患者さんのカルテを入れた USB やパソコンをなくしてまったというニュースをご覧になったことがあると思います。スクールカウンセラーという私たちの同業者の中にもそういう人がいるのです。この学校ではもちろん，記録の持ち出しは禁止されていました。ところがこの人は，記録を持ち出してしまいました。

5.　準強制わいせつ

　最後は，香川大学の当時教授だった人が，準強制わいせつで，最高裁で有罪判決が確定したという事件です。この方はご自分で「育て直し療法」あるいは「だっこちゃん療法」と言われる心理療法を開発したとおっしゃってました。その療法とは，どのようなものであったのでしょうか。

　この方は男性で，クライエントはほとんど女性の方でした。その女性のクライエントを裸にして，ご自分も裸になって，そのクライエントを抱っこして一緒にお風呂に入る。それからその成人の女性の方におむつをして，そのおむつを替える。あるいは，ほ乳瓶でミルクを与える，そういったことを自分の新しく開発した心理療法として実践をしていました。ところが，クライエントの中からこの男性に暴行をされたという訴えが出て，最終的に最高裁で有罪が確定したという事件です。

　先ほど申し上げましたように，今ご紹介した事件は氷山の一角です。こういう事件があると「これはたいへんだ。これは何とかしなければいけない」ということになると思います。

　これらの事件の当事者に欠けていたのは，基本的な職業倫理です。次章からは，私たち心理職が，行動の基本として理解し実践しなければならない「心理職の職業倫理」について，細かく見ていくことにしましょう。

・心理職の職業倫理的問題は，個人情報の取り扱い，相談情報の無断利用，ク
　ライエントに対する詐欺的行為，相談情報の不適切な管理，クライエントと
　の不適切な関係など，問題の内容は多岐に渡る。
・報道されている問題は氷山の一角にすぎず，職業倫理的問題について心理職
　は理解する必要がある。

2 職業倫理の定義と必要性

1 職業倫理とは

では，職業倫理とは何でしょう。以下をご覧ください。

> **ポイント1** 職業倫理とは？（1）
>
> ・行為を判断する基準として，その職業（職能）集団内で承認されたルール。その職業（職能）集団の成員が市民・クライエントを守り，社会全体のルールに基づいて行動し，社会的責任を果たして人々・社会の福祉のために貢献するという約束を社会に対して提示するもの。
> （金沢，1998，2006）

　まず，職業倫理とは**行為を判断する基準**です。「それはいいのだろうか」「適切なのだろうか」ということを判断する基準として作られたルールです。では，このルールは誰が作ったものなのでしょうか。それは，自分たちです。私たちが私たちで作るルール，その**「職業（職能）集団」で決めるルール**です（金沢，2006）。他の誰が決めるものでもありません。自分たちが決めるルールです。

　そのルールは「私たちはこういうルールを自分たちでもっています。自分たちでこういうルールを決めました。ですから社会の皆さん，私たちを信用してください。私たちを信頼して，安心して私たちのところに相談にいらしてください。他の方にはお話しにならないことも，私たちにはどうぞ安心してお話しください。私たちは社会の皆さんの幸福や福祉に貢献するよう，一生懸命努力していきます」ということを社会に対して示し，社会の皆さんと約束を交わすものです（Canadian Psychological Association, 2000）。

　ですから「自分たちでルールを守ります。守らない人がいたら，私たちは私たちなりのやり方でそれに対処します。私たちはそういうルールをきちんと守る職種なのです」ということを社会の皆さんに提示して，そして

実際にそのルールを一生懸命守るように，自分たちで努めていかなければなりません。それを守ることによって，人々を，とりわけ人々の人権を擁護するという約束を社会と交わすのです。

　まとめると，以下のようになります。

> **ポイント2**　**職業倫理とは？（2）**
>
> ・行為に対する判断基準・ルール
> ・自分たちで決めるもの
> ・社会との約束：社会的責任を果たし，人々・社会の福祉のために貢献する
> ・市民・クライエントを守り，人権を守るためのもの

2　職業倫理の活用

職業倫理は，単に約束だけにとどまりません。

> **ポイント3**　**職業倫理とは？（3）**
>
> ・問題解決・実践の指針となる倫理，応用倫理（Kitchener, 2000；村本，1998）
> ・臨床的にも有益（Dauser, Hedstrom, & Croteau, 1995；Handelsman, 1990 他）
>
> ▶それぞれの団体の倫理綱領・倫理基準などのかたちで公表

　職業倫理は「**応用倫理**」として，実際の臨床の場で使うものです。たとえば，記録を書いているときに「先生，それは何を書いていらっしゃるのですか。見てもよろしいですか」とクライエントに聞かれた場合，どうしたらよいでしょうか。この状況は，倫理の原則を使って判断をする必要があります。関係してくるのは，**インフォームド・コンセント**[01]という原則です。先ほどの千葉県教育センターの話のように，クライエントに後から記録を見たいと言われた場合も，同様です。

　また職業倫理は，「**臨床的にも有益**」です。これは実際のいろいろな実験のデータがあります。倫理をきちんと守る臨床家，心理士と，そうではない心理士に関するシナリオを作って，研究参加者の方々に提示した実験

講義メモ

01 インフォームド・コンセント　援助方針などをわかりやすく伝え，同意を得ること。ただし，実際には上記以上の意味を含む。詳細は PART 4「4 インフォームド・コンセント」を参照。

があります。参加者の方々は，どちらが信頼度が高いと評価したでしょうか。これは倫理をきちんと守る，とりわけこの場合は，インフォームド・コンセントの実践ということでしたが，それをきちんと行なっている臨床家のほうが信頼できる，評価が高いという結果が実験として出ています（Dauser et al., 1995; Handelsman, 1990）。つまりこれは，職業倫理が単なる理屈である，あるいは問題解決のルールであるだけにとどまらず，実際の臨床をよりよいものにしていくものでもあることを意味していると思います。

　実際にはそれぞれの職能団体が，倫理綱領あるいは倫理基準として公表しています。これは先ほど申し上げたように社会との約束ですから，自分たちの中で隠しておく，あるいは自分たちの内輪の文書であるのではなく，きちんと社会に公表すべきです。そうすることによって，社会の人々から信頼を得られるように努力していくということでもありますし，また一般の社会の方々に私たちを監視していただくためのものでもあります。

3　職業倫理はなぜ必要か

　私たちは専門職という言い方をよく行ないます。専門職とはそもそも何でしょう。専門職は自分たちで名乗るものではなく，社会から認められるものです。これはもともとは英語の profession という単語に由来します。語源は中世のキリスト教の修道院で，自分の宗教的信条を先輩の修道士たちに告白をする profess という言葉が語源です（Barnhart, 1988; Simpson & Weiner, 1989）。つまり，社会から認められることが，専門職としての条件なのです。

　専門職として認められるためには，次の 6 つの条件があります。

> **ポイント4　専門職とは？**
>
> 1. その業務について，一般的原理が確立されている
> 2. その理論的知識に基づいた体系的な知識・技術の習得に長期間の高度な訓練を要する
> 3. 免許資格制度の採用
> 4. 仕事へのコミットメントが強く，私利私欲ではなく公共の利益促進を目標とする
> 5. 職業全体（あるいは職能団体）としての倫理規範をもち，それを遵守する
> 6. その職業集団（あるいは職能集団）に属する人々の訓練や行動を集団内でコントロールする自律機能を有している
>
> （Goode, 1960；河上, 1995；弥永, 1995 他）

　上記の中に「**職業全体としての倫理規範をもち，それを遵守する**」「**その職業集団（あるいは職能集団）に属する人々の訓練や行動を，集団内でコントロールする自律機能を有している**」というものがあります。つまり，自分たちでルールを決めて，そのルールをきちんと守る。守れない人にはそれなりの対応をする。そして自分たちでカリキュラムを決め，教育をすることができる，ということが専門職の条件の一つになっているのです。

　つまり専門職とみなされるためには，職業倫理を自分たちで作り，その職業倫理を守ることができるように教育をしていく責任があるというわけです。

まとめ

- 職業倫理とは，行為に対する判断基準やルールのことであり，自分たちで決めるものである。それは社会との約束でもあり，市民・クライエントを守り，人権を守るものでもある。
- 職業倫理は実際の臨床の場で用いられるものであり，臨床的にも有益なものである。
- 心理職が専門職とみなされるためには，職業倫理を自分たちで作り，その職業倫理を守ることができるよう，教育を行なわなければならない。

3 倫理原則：多重関係

1 職業倫理の7つの原則

　では，職業倫理にはいったいどんな原則があるのでしょうか。先ほど職業倫理は，倫理綱領や倫理基準として公にされているとお伝えしました。いろいろな団体がそれを公にしております。それらを見ると，以下の7つの原則にまとめることができるのではないかと思います。

> **ポイント1**　職業倫理の7つの原則
>
> 1. 傷つけるおそれのある行動をしない
> 2. 教育・訓練の範囲内で，相手の福祉に寄与
> 3. 利己的に利用しない
> 4. 人間として尊重する
> 5. 秘密を守る
> 6. インフォームド・コンセントと自己決定権の尊重
> 7. 社会正義と公平・公正・平等
>
> 　　　　　　　（Pope, Tabachnick, & Keith-Spiegel, 1987；
> 　　　　　　　　Redlich & Pope, 1980 による；金沢，2006）

　この一つひとつの原則について，概略をこれからお話ししたいと思います。その概略のお話をする際，ここに出ている順番ではなく，トラブルや問題の多い順番にご説明をしたいと思います。

　この中で一番トラブルや問題が多いのは，いったいどの原則でしょうか。心理職の倫理のワークショップをしますと，5番の「秘密保持」に関する質問を受けることが一番多いです。確かにいろいろな調査を見ましても，心理職の倫理的な問題についての疑問や関心が一番高いのは「秘密保持」に関するものと言われています。ところが実際に出てくる問題として多いものは，3番です。つまり，「**心理職が，クライエントを利己的に利用してしまう問題**」が，一番多いのです（American Psychological Association, Ethics Committee, 2016）。

2　　多重関係とは

そこで7つの原則のうち，「3．利己的に利用しない」から紹介していきます。ここで重要なキーワードが「**多重関係**」です。

ポイント2　　**相手を利己的に利用しない**

・多重関係を避ける
　▶多重関係：複数の専門的関係の中で業務を行なっている状況，および，専門家としての役割とそれ以外の役割の両方の役割をとっている状況
　▶これらの役割・関係が同時に行なわれる場合，および，相前後して行なわれる場合　　　　　　　　　　　　　　　　（Sonne, 1994）

・クライエント等との間で物品等の売買を行なわない
・物々交換や身体的接触を避ける

多重関係とは何でしょうか。定義は「**複数の専門的関係の中で業務を行なっている状況**」とされています。また，「**専門家としての役割とそれ以外の役割の両方の役割をとっている状況**」でもあります。「それ以外の役割」には「プライベートな役割」も入ってきます（Sonne, 1994）。つまり，役割がいつ行なわれるかは，あまり問題ではありません。

少し噛みくだいて申し上げたいと思います。たとえば私が心理職で，私がお会いしているクライエントを，仮にAさんとします。私とAさんは心理職とクライエントという援助関係をもっています。これは一つの関係です。私とAさんがこの援助関係以外にも別の関係をもっている場合，多重関係ということになります。

たとえばどんな関係があるでしょうか。たとえば私が上司で，Aさんが部下であるように，職場の上司と部下である関係。あるいは私が教員で，Aさんが学生であるように，学生と教員の関係。あるいは古くからの友人関係，元同級生。あるいはご近所同士の関係，Aさんのお子さんと私の子どもがサッカーチームで一緒という関係。あるいはAさんと私が恋人関係などなど……。このように，心理職とクライエントが専門家としての関係以外の関係ももっている，あるいは過去にもっていた，あるいはこれからもつ。これらのことを多重関係と呼んでいます。

上記では触れませんでしたが，物品の売買，物々交換，身体接触も同様に，多重関係の例に入ってきます。つまり専門的関係以外の関係をもたないということが重要です。

3　多重関係の問題

　多重関係がどうして問題になるのでしょうか。たとえば私とＡさんが，かつて中学の同級生だったとします。そうするとＡさんが中学生だった頃のことを，私は覚えていますので「Ａさんは中学のとき，こんな人物だった。こんなお友だちとつき合っていて，成績はこんな感じだった」ということを，私はわかっています。Ａさんも私を見る際に，「この人はそういえば，中学のときこんなだったな。先生にこんないたずらをしていたな」など，覚えていらっしゃるわけです。そうすると心理面接においてそもそも必要である中立性や，あるいは偏見をもたないことなどが，もう成り立たなくなってしまいます。

　あるいは，たとえば私が自分の学生をクライエントとしてもったとします。相手の学生の側からすると，いろいろと困ることがあります。たとえば，「困っていることがあるのだけれども，こんなことを先生に言うと，成績を下げられるのではないか」あるいは「他の教員のことについて言いたいことがあるのだけれども，金沢先生には言えない」あるいは「こんなことを言うと，後で卒業判定のときに何か不利なことを言われるのではないだろうか」という懸念です。このためクライエントの学生はいろいろなことを言えなくなってしまうかもしれません。また「相談に行くと，自分に不利なことを他の教員に言われてしまうのではないか」と思って，本来なら援助が必要な際に，援助を求めなくなってしまう恐れがあります。

　同様にクライエントが部下であった場合，そのクライエントは職場のいろいろな不満を言うことは難しいでしょうし，「こんなことを言ったら，ボーナスの査定を下げられてしまうのではないか」と考えると，自分に不利なことは言いにくいでしょう。ですから多重関係では，クライエントは，

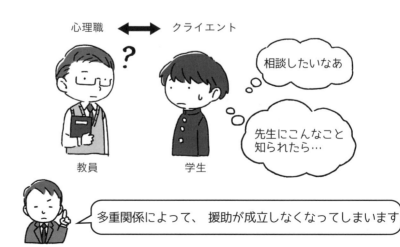

本来言うべきことが言えなくなってしまったり，本来必要な援助を受けられなくなったりします。それだけではなく，本来援助を受ける必要のある人が来なくなってしまいます。したがって，この多重関係というのはやめましょう，ということが一つの大きな原則になっています。

4　性的多重関係の問題

　最も大きな問題になっているのが性的な多重関係です。先ほど「だっこちゃん療法」の事件の話をしましたが，これは非常に極端な例だと皆さんはお考えになったかもしれません。しかし，実はそれほど極端でもないのです。このようなクライエントと心理職との間の性的多重関係が，心理職にとって一番多い問題です。これはいろいろな調査でも明らかになっています（American Psychological Association, Ethics Committee, 2016; 日本心理臨床学会倫理委員会，1999）。

　この性的多重関係には，実はいろいろな研究があります。その中のいくつかをご紹介したいと思います（Pope, 1990a, 1990b, 1993, 1994; Pope, Levenson, & Schover, 1979; Sonne & Pope, 1991）。

ポイント3　多重関係

- 性的多重関係
  - ▶特徴（性別，年齢，理論的立場，理由，被害，「更生」）
  - ▶段階的な進行
- 非性的多重関係
  - ▶悪質な搾取的関係（性的多重関係等）につながりやすい（Pope & Vasquez, 1991）
- 臨床家−クライエント間の不平等さ（力のアンバランス）（Brown, 1994; Gabbard, 1994; Sonne, 1994）

　はっきりしている特徴がいくつかあります。まず，**性別**についてお話をします。このような問題を起こす心理職の方を男女で見た場合，9対1の割合で圧倒的に男性が多いのです。そして相手となるクライエントの方は，反対に圧倒的に女性が多くなっています。ですから一番多い組み合わせとしては，男性の心理職と，女性のクライエントです。もちろん男女が入れ替わる場合や，同性の組み合わせもあります。

　その次に，**年齢**です。こういった性的多重関係の問題を起こす心理職は，年齢層としてどのぐらいの方が多いでしょうか。実はベテランの方々，い

わゆる中年かそれ以上の年齢の方が多いのです。そのお相手といいますか，被害を被ってしまわれるクライエントの方々は，その心理職の人たちから平均して10歳かそれ以上年下と報告されています。中には10歳に満たないお子さんの例もあります。

01 理論的立場　精神分析，認知行動療法，人間性心理学（クライエント中心療法）など，主にどのような理論に基づいて心理面接を行なうか，ということ。

　理論的立場[01]には関係がないようです。ですから，どんなオリエンテーションだろうと，性的多重関係とは関係がないようです。

　そして理由ですが，性的多重関係の問題を起こした心理職の方に，「どうしてそんなことをしたのですか」と聞いた研究があります。その中で一番多かった理由は何だったでしょうか？　一番多かった理由は，クライエントのためというものです。つまり，問題を起こした心理職からすれば「臨床的に正当である」という理由が一番多かったのです。おそらく多くの方にとって驚くべき結果であると思います。彼らは，臨床的，あるいは心理的援助として正当であると考えるから，性的多重関係をもってしまうのです。

02 PTSD　心的外傷後ストレス障害のこと。生命を脅かすような極限的な体験に遭遇し，その体験を受け入れられないために，さまざまな精神症状を呈する病態。

　次に，性的多重関係の被害についてお伝えします。性的多重関係に陥ってしまったクライエントのほとんどに，PTSD[02]に類似した症状が見られるというのが北米での調査結果です（Bouhoutsos et al., 1983）。したがって，被害としては非常に深刻です。私たち心理職は，他の方々の幸福や福祉の向上のために仕事をしているのですから，そういった私たちが人々を傷つけるようなことを行なってはいけません。ですから性的多重関係は「してはいけない行為」ということになります。先ほど倫理の枠組み，倫理とは何かということをお話ししたときに「何が適切で何が適切でないかを決めるルールだ」「それは自分たちが決めるのだ」と説明しました。ですから，どのようなことはしていいのか，してはいけないのかということを，私たちがきちんと理解したうえで，ルールを作る必要があります。これだけ被害が甚大ですから，私たちは「性的多重関係をもつべきではない」と，ルールとして決めているわけです（American Psychological Association, 2017）。

　性的多重関係を起こしてしまった心理職のセラピーをしている心理職の方々がいらっしゃるのですが，その方々のお話によれば，性的多重関係の問題を起こす心理職の「更生」や「治療」はなかなか難しいとのことです（Pope, 1990a）。したがって，この問題というのは，いったん起こってしまうと，解決するのは非常に難しい問題であると言えます。

5　非性的多重関係から，性的多重関係へ

　性的多重関係といっても，いきなり性的な関係に陥るのではありませ

ん。**段階的に進行**していくということが，海外の研究でわかっています
(Somer & Saadon, 1999)。段階的というのはどういうことでしょうか。
よく見られるパターンはどんなパターンでしょうか。まず「枠組みの崩れ」
が見られます。たとえば心理職側が，ご自分の個人的なことを話すという
ことです。「この間，休みの日にどこに行った」とか「自分の子どもはこうだ」
とか，休みのこと，自分の家族のこと，自分の経済的なこと，あるいは自
分の過去の体験など，心理職側がご自分の個人的なことを話してしまいま
す。

　クライエントは，心理的援助の場にクライエントご自身のことをお話し
に来られるわけです。それはもちろん当然のことです。ところが私たち心
理職はどうでしょうか。私たちは援助の場に行って，自分の話をクライエ
ントに聞いていただくためにそこに出かけるのではないのです。援助の場
とはどのような場かというと，私たち心理職がクライエントのお話を伺い，
そして相手の方に対して最善の援助を提供するという場です。その最善の
援助というのは，必ずしも楽しいものではないかもしれません。心理的援
助の場というのは，ある意味，緊張する場です。そしてある意味，苦しい
こともあるかもしれません。決してお友だち同士がお茶を飲みながら話を
するような場ではないのです。そこにはある種の緊張，不安，そしてある
いはつらさもあるかもしれません。でもそれは，援助のために必要な場合
が多いと思います。ところがそのような緊張，あるいは不安，つらさに対
して，むしろ心理職の側が苦しくなって，自分からむしろ崩そうとしてし
まう。そのために少し場を和ませようとして，ご自分のことをお話しにな
る。そういう方々がおられるのかもしれません。

　ところが，クライエントの側はむしろそういうお話を伺って，中には嬉
しく思われる方もいらっしゃいます。「先生も人間なのだ。非常に難しそ
うな顔をして座ってらっしゃるけれども，先生にもご家族がいらっしゃる
のだ」。そうなるとどうでしょう。「先生の息子さん，娘さんはどうやって
不登校から立ち直られたのですか」「先生，次の休みはどこに行かれるの
ですか」「私もそこに行ったことがあります」「私もそこに今度行こうと思っ
ているのです」と，会話が進行していく。

　私たち心理職が行なう仕事は**対話**です。対話というのは誰でも日常生活
で行なっています。では，心理面接の場で行なう対話は，日常生活の対話
といったい何が違うのでしょうか。私たちが心理面接を行なう場には，そ
れなりの「決めごと」「やるべきこと」そして「やってはいけないこと」が，
枠組みとして決まっています。決まっていないと，私たち心理職の仕事は
日常生活の会話と変わらなくなってしまいます。そして「枠組みの崩れ」
が少しずつ進行してくると，文字どおり距離が近づいてくる場合が出てき
ます。

非性的多重関係から性的多重関係へ段階的に進行していく

　先ほど述べた段階的な進行のことですが，たとえばあいさつをするとき
に，最初は 1 メートルぐらい離れていたのが，だんだんと物理的な距離
が近くなってくる。面接のときに座る場所も，クライエントと対面で座っ
ているのに，だんだんと角度がついてずれてきてしまう。そしてそのうち
隣に座るようになってしまう。こういったかたちで枠組みが崩れ，距離が
少しずつ近くなってくる。そしてそれがどんどん近くなっていったところ
で，クライエントが非常に強い情動的な発露をする。たとえば非常にショ
ックを受けた体験を，心理職に話しながら泣き出してしまう。それに対して，
心理職が黙って受容的にクライエントの泣いている状態を受け入れるので
はなく，横に行って，肩を抱く。いったん身体接触となると，どんどん加
速してしまいます。たとえば一緒に食事に行く。あるいは他の専門職，心
理職がいない時間に，面接の予約を入れるといったようなことが起きてき
てしまいます（Somer & Saadon, 1999）。
　性的多重関係は，性的ではない多重関係と質的に異なるものではありま
せん。非性的多重関係，たとえば自分のことを話すといったようなことが
行なわれていると，だんだんと性的多重関係に移行しやすくなってしまう
のです。非性的多重関係（友だちであることや，職場の上司であることや，
自分の個人的なことを話すことなどの社交的な関係も含め，クライエント
との間に専門職としての関係以外の関係をもつこと）があると，性的な多
重関係につながりやすいというのが，海外での調査の結果でわかっていま
す（Borys & Pope, 1989; Lamb & Catanzaro, 1998）。
　したがって，性的な多重関係だけが問題なのではなくて，そこにいたる
前段階として，非性的な多重関係があるのです。ですから非性的な多重関
係にならないようにしないと，性的多重関係を防ぐことはできないという
ことになります。

6　多重関係とハラスメント

　多重関係の背景は，いろいろな意味で**ハラスメント**[03]と類似しています。心理的援助の場では，心理職はクライエントに対し圧倒的な力をもっているのです。知識もたくさんもっています。場合によっては，クライエントを傷つけることもできます。これは後で改めてお話をしますが[04]，心理的援助によって傷つくクライエントもいらっしゃるのです。ですから，圧倒的に私たち心理職のほうが力は強いのです。その力の強い心理職側がそうではないクライエントを，傷つけないようにするためにどんなことをしなければいけないか，これを考えなければなりません。ですから，セクシャル・ハラスメント[05]，アカデミック・ハラスメント[06]，パワー・ハラスメント[07]と多重関係の問題の根っこは，非常によく似ているものだと思います。

講義メモ

03 ハラスメント　日常生活におけるさまざまな「嫌がらせ」や「いじめ」のこと。相手を不快にさせたり，不利益を与えたり，尊厳を傷つけたり，脅威を与えたりすること。

04 PART 4「6　専門的態度や能力」を参照。

05 セクシャル・ハラスメント　職場などで，意に反する性的言動によって相手に不快感や苦痛を与える行為のこと。

06 アカデミック・ハラスメント　研究上または教育上の権限を乱用して，研究活動・教育指導に関する妨害や不利益をあたえること。

07 パワー・ハラスメント　職場内の優位性を背景として，業務の範囲を超えて精神的・身体的苦痛を与える行為。または職場環境を悪化させる行為のこと。

まとめ

・多重関係とは，心理職とクライエントが専門家としての関係以外の関係ももっている，あるいは過去にもっていた，あるいはこれからもつこと。
・クライエントと心理職との間の性的多重関係が，心理職にとって一番多い問題である。
・性的多重関係は，いきなり性的な関係に陥るのではなく，非性的多重関係から段階的に進行していく。

4 インフォームド・コンセント

1 インフォームド・コンセントとは

　2つめの原則に行きましょう。7つの原則の中の「6. **インフォームド・コンセントと自己決定権の尊重**」の問題です。インフォームド・コンセント（informed consent）は，医療現場の倫理的な話として，よく話題にされるところです。ところがこれは医療の話だけではありません。

> **ポイント1** **インフォームド・コンセントを得，相手の自己決定権を尊重する**
>
> ・十分に説明したうえで本人の合意することのみを行なう
> ・相手が拒否することは行なわない（強制しない）
> ・相手の意思決定に必要な援助を行なう　　　　　　　　　　など

　このように「相手の方に十分に説明したうえで，ご本人が合意することのみを行なう」ということだけでは不十分で，「相手が拒否することを強制してはいけない」ということや「相手の意思決定に必要な援助を行なう」ことも，インフォームド・コンセントに含まれます。

　たとえば，**リファー**[01] をするとき「いろいろなリファー先がありますが，どこにしましょうか」といった場合など，クライエントが選択に困っていれば，クライエントの決定を援助するということもインフォームド・コンセントに含まれるのです。

講義メモ

01 リファー　他の適切な援助機関にクライエントを紹介すること。たとえば重篤なうつ状態にあり薬物療法が必要な場合は精神科を紹介する。

2 インフォームド・コンセントの歴史的背景

　このインフォームド・コンセントという言葉を理解するにあたり，少し歴史を理解しておく必要があると思います。実は，第2次世界大戦時のナチスドイツと関係があります（江口，1998）。第2次世界大戦でナチス

ドイツがどのようなことをしたか，改めて説明するまでもないでしょう。ユダヤ系の人たちを集めて，残虐な行為をしたわけです。ガス室に送り込んで，人体実験と称してたくさんの人を殺しました。あるいは手術が必要のない人たちに，手術という名のもと，たとえば腕や足を切ってしまった。実際にそういう行為をした人は，医者あるいは科学者だったのです。社会から尊敬を集めていた人たちが，実は殺人に加担をしてしまうということを，第2次世界大戦を経験して私たちは知ることになりました。

　そこで第2次世界大戦が終わった後，「これではいけない。今まで私たちは，医者といえば，自分たちのことを守ってくれて，自分たちのために一生懸命いろいろなことをしてもらえる，そういう人だと思っていた。だから信用していた。だからいろいろ注文をつけなかった。いろいろ質問をしなかった。しかしそうではないことがわかった。これからは自分の体に何が行なわれるのか，自分に何をされるのか，きちんと自分が理解したうえで，イエスかノーかを，自分できちんと言えるようにしなければダメだ」という考えが，第2次世界大戦を経験した人類共通の考えになったわけです。

　そこでニュルンベルク[02]というところで最初に「人体実験の被験者となる人たちには，何が行なわれるかを説明して，そして本人が納得したことをやろう，それ以外はやらないようにしよう」という宣言[03]が出されます。

　それを契機に，その後1960年代，70年代と，たとえば少数民族の権利を守る運動，あるいは消費者の権利を守る運動，それから患者の権利を守る運動といった，いわゆる「社会的に弱い立場にある人々を守る運動」がどんどん出てくるようになります。

　そういった中で，医療の場では「患者の権利」がだんだん認められるようになります（星野，2003）。たとえば尊厳死といったようなことも議論されるようになったわけです。たとえば，患者が「自分の人口呼吸器を外してもらえないだろうか」ということを意思表示したら，それは認められるかどうか，といったことも議論されるようになりました。

　つまり，従来の「専門家，偉い人がすることにはみんな従う。専門家，偉い人はきちんとしたことを行なってくれるから，自分たちは文句を言わずにそれに従おう」というパターナリズム[04]の考え方から「自分に何が行なわれるかを自分で理解して，イエス・ノーを言えるようにしなければ自分の身の安全を保てない。そして自分の人権も守れない」という具合に，社会が大きく変わっていったわけです。

　ですから皆さんが，たとえば今日アパートを借りる，あるいは携帯の契約をするといった場合でも「こういうことを説明しました」ということで，チェックリストにチェックをされると思います。この背景にある考えは，

講義メモ

02 ニュルンベルク　ドイツ連邦共和国・バイエルン州に属する独立市。

03 宣言　ニュルンベルク綱領のこと。1947年，人間を被験者とする研究に関する一連の倫理原則として発表された。

講義メモ

04 パターナリズム　雇用関係など社会的な関係において成立している，父と子の間のような保護と支配の関係。父親的温情主義（三省堂『大辞林』より）。

基本的にインフォームド・コンセントということなのです。

③ 「契約」について

　今お話ししたように，インフォームド・コンセントは，倫理的な考えです。ところが，ここには，倫理的なことだけではない面もあるということを，私たちは知っておいたほうがよいと思います。それは「契約」という面です。私たちは心理的な援助の場で，クライエントと契約[05]を結んだといった言い方をする場合があります。

　契約という言葉には，大きく以下の2つの意味があります。

> **ポイント2　インフォームド・コンセントの「契約」について**
>
> ・「約束」としての契約
> ・法的な意味での契約
> ▶東京地方裁判所平成7年6月22日民31部判決（東京地裁平四（ワ）12646号）：「医師と患者との間の治療契約に類似した，いわば心理治療契約ともいうべき契約が締結された」
> （判例時報，1996）

　一つは個人と個人の**「約束」としての契約**です。もう一つは，**法的な意味での契約**です。実は「契約」には，宗教的な意味もあるのですが（新村，2008），今回は取り上げないでおきたいと思います。

　1995（平成7）年に東京地方裁判所は「医師と患者との間の治療契約に類似した，いわば心理治療契約ともいうべき契約が締結された」と判決を下しています。具体的にどういう案件だったかと言いますと，カウンセリングを受けた元クライエントが，あるとき本屋に行ったそうです。そこで自分を担当したカウンセラーの先生が書いた本を見つけました。そしてその本をめくってみると，なんと自分のことが書いてある。そのことにたいへんショックを受けた元クライエントは，その本を書いたカウンセラーの先生，そのカウンセリングルーム，そして出版社を相手取って，損害賠償を求める民事訴訟を起こしたというものです。

　この場合は，医者と患者ではなく，カウンセラーとクライエントの関係だったわけですが，東京地方裁判所は，カウンセラーとクライエントの関係について上記のように認定したというわけです。

　私たちは何気なく，あるいは法的な意味合いをあまり考えずに，「クラ

イエントとの契約」という言葉を使っているかもしれません。この裁判は
もちろん個別の案件についての判決ですから，すべての状況についてこれ
を適用するのは，本当は正しくないと思います。しかし，こういった判決が
ある以上，私たちがクライエントとの間に交わしている約束事は，個人と
個人との約束という意味だけでなく，法的な意味での契約でもあると考え
たほうがよいということになります。

　法的な意味での契約が成立するには条件があります。その条件の一つは，
契約を結ぶ当事者同士が対等であるということです（横山，1996）。

　対等であるとは，私たち心理職にとって，どのようなことでしょうか。

　私たち心理職は，心理的援助の場がどういうものかを知っています。と
ころが，クライエントはご存じありません。つまり，知っている私たちか
ら，ご存じのないクライエントにいろいろ説明をする必要があります。説
明をすることによって，クライエントも私たちと同等の理解をしたことに
なり，この段階で初めて契約が認められることになります。そうでなけれ
ば，無効の契約になります。したがって，きちんと説明して理解をしてい
ただき，合意していただいたことを行なうことは，倫理的にインフォーム
ド・コンセントの原則を満たすだけではなく，法律上の契約条件を満たす
ということにもなるのです。ですから，2つの意味で，私たちはきちんと
クライエントに説明をして，了解をしていただいたことを行なう必要があ
るのです。

法的な契約が成立するには，対等であることが必須

対等になるためには十分なインフォームドコンセントが必要

4　インフォームド・コンセントの具体的内容

　では，具体的に何を説明すればよいでしょうか。ポイント3に具体的

内容を示しました。

ポイント3　　インフォームド・コンセントの具体的内容

・援助の内容・方法について
・秘密保持について
・費用について
・時間的側面について
・当該心理職の訓練などについて
・質問・苦情などについて
・その他　　　　　　　　　　　　　　　　　金沢（2006）より

▶対話の重要性＝心理職としての基本

　援助の内容・方法について伝えることとは，実際にクライエントに会い「私はあなたのお話を伺って，私はこのようにあなたの問題を考えております。そしてそれに対してこういう援助の仕方ができると思います。こういうことを目標にしていきたいと思います」と伝えることです。

　秘密保持についてとは，「あなた（クライエント）の情報にアクセスすることができるのはこういう方々です。あなたについての情報が他の方に伝えられるのはこのような場合です」という秘密の守られ方についての説明です。この過程を抜かしてしまう方が多いのですが，これは，きちんと説明をして，了解をいただかなければなりません。もちろん他のことも忘れないでいただきたいのですが，この説明を抜かしてしまうと，トラブルに発展してしまいますので，きちんと約束をしていただく必要があります。

　費用や時間[06]のことは，おそらく多くの方がご理解いただいていることだと思います。それからご自身の**訓練**とか，どういう経験があるとか，そういったこともちろんお話しいただいてかまいません。これはクライエントがこの先生を選ぶか，他の先生のところに行こうかを判断するうえで，とても大事な情報の一つだろうと思います。

　いろいろ説明することがあります。しかし考えてみますと，クライエントときちんと話をして物事を進めていくことが私たち心理職の仕事ですから，このような「説明をする」「私たちが考えていることをきちんと話して，相手に理解・合意していただく」ことは，私たち心理職の活動の基本であろうと思います。

○ま　と　め

・インフォームド・コンセントの概念は，説明と同意だけでは不十分で，相手
　が拒否することを強制してはいけないことや，相手の意思決定に必要な援助
　を行なうことまで含まれる。
・インフォームド・コンセントが適切に行なわれることで，クライエントは心
　理職と対等な関係になることができる。
・インフォームド・コンセントを行なうことは，対話を主な活動とする心理職
　の活動の基本と言える。

5 秘密保持

 なぜ秘密を守る必要があるか

　次の原則に移りたいと思います。7つの原則の中の「5. 秘密を守る」についてです。

ポイント1　**秘密を守る**

・なぜ秘密を守らなくてはならないか？
・「秘密保持」 vs. "confidentiality"
　▶ confidentiality：誰か・何かを固く信じている態度，強い（完全な）信頼という意味の confidential に由来（Barnhart, 1988; Simpson & Weiner, 1989）
・「強い信頼に基づく秘密保持」（金沢，2006）
・クライエントの権利

　いろいろなところで，倫理に関するワークショップを行ないますと，「こういう場合にはしゃべってもいいのですか？　こういう場合にはしゃべってはいけませんか？」というような質問をされることがよくあります。このような質問に対しては，ある意味，表面的な質問であると感じてしまうことがあります。

　そもそも，どうして私たちは秘密を守らなければいけないのでしょうか。ここからやはり考えていただきたいと思います。それを考えるうえで「では，秘密を守らなかったらどうなるのだろうか」ということを考えていただくことが必要かと思います。

　秘密を守らなかったら，どのようなことが起こるでしょうか。たとえば，電車に乗ったときに，私がお会いしたクライエントのことを，一緒に乗り合わせた友だちに話したとします。どのようなことが起こるでしょうか。電車の中で，私と友人の話を聞いていた人が，どこかで「今日，電車の中でこのような話を聞いた」と話をされる。それを聞いた方のうち，何割かがまたどこかに行って「昨日，こんな話を聞いた」と話をされる。すると

回り回って，やがてご本人の耳にも入るかもしれません。もしそのような
ことが起こったならば，そのご本人が私のところに来て「先生，私のこと
を他人にしゃべったでしょう。ひどいではないですか」と言われます。私
は信用を失います。そして仕事を失うかもしれません。

　秘密に関する話は，私たち心理職だけではありません。専門職の大先
輩である医師たちも同様です。古代ギリシャの「**ヒポクラテスの誓い**」[01]
の中に，秘密を守るという誓いがあります。古代ギリシャの時代から，医
師たちは人の秘密を守る，知ったことは言わない，という約束をずっと守っ
ています。仮に医師が電車の中で，隣り合わせた友人と，今日会った患者
さんについて話をしたらどうなるでしょうか。患者さんが抗議をして，そ
の医師は仕事を失ってしまうかもしれません。そして医師がみんなそうい
うことをしたらどうなるでしょうか。世の中の医師はみんなクビになって，
医師がいない社会ができてしまいます。どんな社会になるでしょうか。病
気になっても，けがをしても治してくれる人はいません。大げさに言えば，
人類が滅びてしまうかもしれません。つまり医師が秘密を守るというのは，
それだけ大きなことなのです。

　心理職も同様です。心理職みんなが秘密を守らなかったら，心理職は信
用を失ってしまいます。世の中から心理職がいなくなってしまうかもしれ
ません。

　そう考えると，秘密は，決して漏らしてはなりません。「ここで伺ったこ
と，私が耳にしたことは，一切お話しをいたしません。ですから，どうぞ
他でお話しできないことを，ここに来て安心してお話しください。私は絶
対よそでは漏らしません」。このような約束が，秘密を守ることの基本です。

　実は，秘密を守るという言葉の語源は，「**誰かを固く信用する**」「**完全に
信頼する**」という意味です。秘密保持は英語で confidentiality という単語
ですが，この形容詞の confidential の語源は，ラテン語で「秘密を守る」
という意味ではなく，「完全に信頼する」という意味なのです（Barnhart,

講義メモ

01 ヒポクラテスの誓い　「医
神アポロ，アスクレピオス，
ヒュギエイア，パナケイアお
よびあらゆる男神女神の前
に，この誓約，この義務を，
わが力，わが誠をもって履行
することを誓う」で始り，「業
務上の見聞や他人の私生活の
秘密は口外しない。もしこの
誓いを固守し破らない場合に
は，世の信頼のもとに長くわ
たしの人生と術とを楽しまし
めよ。もし破った場合は，逆
の報いを与えよ」と結んでい
る。現在でも大学医学部の卒
業式などで朗読されている
（『ブリタニカ国際大百科事典
小項目事典』より）。

秘密は必ず
守ります

あなたのことを
信じます

秘密保持とは
クライエントの信頼を守ることです

1988; Simpson & Weiner, 1989)。誰が誰を信頼するのでしょうか。クライエントが，心理職を，です。「私は絶対何も漏らしませんから，完全に信頼していただいてかまわないのです」といった約束が本来の意味です。ですから，私たち心理職は秘密保持という約束を，社会の方々と交わすわけです。

　信頼するかどうかを決めるのは，相手，つまり一般市民の方々であり，クライエントの方々であるわけです。その信頼に基づき「絶対に秘密を守ります」という考えが長く続いてきました。ところがある事件をきっかけに，「秘密を守ります」に条件がつきました。これが有名な**タラソフ事件**という殺人事件です。

2　タラソフ事件

　タラソフ事件は，1969 年にカリフォルニア州で起こりました（Buckner & Firestone, 2000; VandeCreek & Knapp, 2001）。カリフォルニア大学に通っていた大学院生の男が，当時 10 代だった女性タチアナ・タラソフさんを殺害した事件です。その犯人は殺害の前に，精神科で心理士の面接を受けていました。面接の中で「自分はあの女を殺してやる」という趣旨の発言をしていました。それに対して心理士は「これは危険だ」と，そのことを警察に通告，男は身柄拘束となったわけですが，結局は解放せざるを得なくなり，その後，タラソフさんは殺されてしまいました。

　これは殺人事件なので，もちろん刑事裁判もあったのですが，私たちが注目したいのは民事です。この事件で，被害に遭ったタチアナ・タラソフさんのご両親は，この病院・心理職・精神科医・カリフォルニア大学・警察を訴えて，民事訴訟を起こしました。

　ご両親の訴えは，**命**です。ご両親は「自分の娘が殺されることを知っていたのなら，どうして教えてくれなかったのか。教えてくれればうちの娘を遠いところにやって，隠していることができたのに，どうして知らせてくれなかったんですか」と訴えました。

　対して病院側の反論は，**秘密保持**です。病院側の主張は「私たちには秘密を守る義務があります。私たちが秘密をしゃべったら，そもそもこのように攻撃的で危険な衝動をもっている人は，私たちのところに援助を求めに来なくなってしまいます。そのほうがよほど大きな問題ではないでしょうか。私たちは秘密を守ることを維持することによって，将来にわたって，メンタルヘルスサービスを保証する責任があるのです」というものでした。皆さんはどちらに軍配を上げるでしょうか。つまり**命 vs 秘密保持**です。カリフォルニア州最高裁は，この究極の判断を求められることになりました。

　その判決文の中で出てきたものが，次の 4 つの義務です。

ポイント2 **タラソフ判決**

- セラピストは，襲われる危険性のある人をそのような危険から
保護するよう，適切なケアを行なう義務を負う
  1. 襲われる危険性のある人に対してその危険についての警告
     を行なう
  2. 襲われる危険性のある人に対して危険を知らせる可能性の
     ある人たちに警告する
  3. 警察に通告する
  4. その状況下で合理的に必要と判断される，他のどのような
     方法でもよいので実行する

(Tarasoff v. The Regents of the University of California, 1976)

　まず，襲われる危険性がある人に警告をしなければなりません。また，危険がある人に対して危険を知らせることができる人，たとえば親しいお友だち，ご家族の方に警告をしなければなりません。さらに，警察に知らせたうえで，安全を確保しなければなりません。しかし，これらは十分になされませんでした。よって，最高裁は病院側・カリフォルニア大学側に損害賠償を命じました。

　ただこの判決は，カリフォルニア州最高裁も非常に迷った判決だったのです。カリフォルニア州最高裁が2度判決を出しています。このようなことは通常ありません。最初に出した判決から少し経ってから，あの判決の訂正バージョンを出しますと言って，2度目の判決を出したのです。つまり命 vs 秘密保持は，最高裁さえも迷う，非常に難しい判断だったのです。

　この判決から，現在では，**警告義務**，あるいは**保護義務**，あるいはタラソフ原則と呼ばれるものが知られるようになりました。警告義務が発動されるための3つの条件は次のとおりです。

ポイント3 **警告義務，保護義務，タラソフ原則**

- 心理職に警告義務あるいは保護義務が発生する条件
  1. 当事者間に，特別の信頼に裏づけられた関係が存在する
  2. 襲われる危険性のある方が特定できる
  3. 明確で切迫した危険（生命の危険）が存在する，また，その危険が予測できる

(Knapp & VandeCreek, 1990)

　この3つの条件が満たされたとき，他殺が疑われる場合，本人と周り

の人，それから警察に警告する義務が生じます。もちろんこれは自殺の場合も同様です。自殺が疑われる場合は，本人ということはもうはっきりしていますので，周りの人にきちんと知らせて安全を確保するということが必要になります。

ポイント4　**タラソフ事件前後による秘密保持の変化**

絶対的秘密保持

↓
タラソフ事件
生命 vs 秘密保持（メンタルヘルスサービスの保証）

限定的（条件つき）秘密保持

(Dickson, 1995; Herlihy & Corey, 1996)

3　秘密保持の例外

　このように，秘密保持に例外を生み出した先ほどのタラソフ判決以降，実はいろいろな例外が増えてきています。私が調べたところ，現在秘密保持の例外は8つあります（金沢，2006）。

ポイント5　**秘密保持の例外**

1.　明確で差し迫った生命の危険があり，攻撃される相手が特定されている場合
2.　自殺など，自分自身に対して深刻な危害を加えるおそれのある緊急事態
3.　虐待が疑われる場合
4.　そのクライエントのケア等に直接関わっている専門家同士で話し合う場合（相談室内のケース・カンファレンスなど）
5.　法による定めがある場合
6.　医療保険による支払いが行なわれる場合
7.　クライエントが自分自身の精神状態や心理的問題に関連する訴えを裁判などによって提起した場合
8.　クライエントによる明確な意思表示がある場合

　クライエントが OK した場合，虐待が疑われる場合，そして法律により開示が求められている場合，そしてクライエントのケアに直接かかわっている人たち同士で情報交換をする場合，こういった場合にはクライエントの秘密が開示されてもよいと今では認められています。

　ただ，このような秘密保持の例外に関する対応を行なううえで，注意すべきことがあります。一般の方の多くは，心理職が情報を絶対守るものだと思っていらっしゃることが，調査で明らかになっています（Hillerbrand & Claiborn, 1988; Rubanowitz, 1987）。ところが私たち心理職は，秘密を守るには条件があることを知っています。ここに大きなギャップがあるのです。

　ですからきちんと**インフォームド・コンセント**を行ない「秘密を守る条件は何か」「秘密を誰かに知らせる必要がある場合は，どのような場合か」をきちんと説明して，しかも最初の時点で了解していただく必要があります。たとえば，最初の面接が終わった後で，ご家族と名乗る方から電話が来る，学校の先生とおっしゃる方が問い合わせに来られるということは非常に頻繁に起こります。最初の面接の時点で，秘密保持と例外に関するインフォームド・コンセントを行なっておかないと，このような場合にどうしたらよいかわからなくなってしまうのです。ですから最初の段階で必ず，秘密の守り方，情報の扱い方，情報に誰がアクセスできるのかについて，きちんと約束しておいてください。そうしなければ，大きなトラブルにつながってしまいます。

きのう，おたくで
うちの生徒がカウンセリングを
受けたと思うんですが…？

どこまで
話していいんだろう

情報の扱いについては，
最初の段階でインフォームド・コンセントを！

> **ま と め**
>
> ・秘密を守ることができない場合，自分自身に対する専門職としての信頼を失うだけでなく，心理職による援助そのものを行なうことができなくなってしまうかもしれない。
> ・タラソフ事件以降，秘密保持よりも命を守るための警告義務が優先されるという，秘密保持の例外が考えられるようになった。
> ・秘密保持の例外に関する対応を行なうためにも，「秘密を守る条件や範囲は何か」「秘密を誰かに知らせる必要がある場合は，どのような場合か」について，最初の時点で説明し，了解を得る必要がある。

6 専門的態度や能力

1 専門的能力の問題

　ここからは，7つの原則の中の「2. **教育・訓練の範囲内で，相手の福祉に寄与**」ということについて説明します。

> **ポイント1** **十分な教育・訓練によって身につけた専門的な行動の範囲内で，相手の健康と福祉に寄与する**
>
> ・効果について研究の十分な裏づけのある技法を用いる
> ・心理検査の施行方法を順守する
> ・虚偽の宣伝をしない
> ・自分の能力の範囲内で行動し，常に研鑽を怠らない
> ・専門的な情報が誤用・悪用されないよう注意する　　　　など

　私たちは専門的な知識や能力をもっています。それを適切に使う必要があります。ただ専門的な知識や能力といっても，先ほど申し上げた「だっこちゃん療法」「育て直し療法」を行なうとなれば，皆さんはどう思われるでしょうか。やはり「エビデンス[01]のあるものを使う」これが大前提です。「自分がいいと思うから使う」では困ります。いろいろな人に用いて，きちんと援助の効果があるものを使う必要があります。

　また，自分のできる範囲で行なうことも大切です。できないことをされては困ります。どうして私は，こんなことを申し上げるのでしょうか。実は，私たちが行なっている行為は基本的に言語的な援助ですが，それによって傷つくクライエントが一定数いるということを，心理療法の効果に関する研究は示しています。一部のクライエントは，心理的援助によって悪化してしまうこともあるのです（Howard et al., 1986; Lambert, 2013）。心理療法に関するこれらの効果研究のレビューを見ますと，研究によって違いますが，だいたい1割ぐらいの方は悪化してしまうということがわかっています。また，心理面接に通ったものの，ほとんど変化がないという方も合わ

 講義メモ

01 エビデンス 証拠，根拠，証明，検証結果のこと。詳細は，PART 3「エビデンス・ベイスト・プラクティスの基本を学ぶ」を参照。

せますと，だいたい 2 割から 2 割 5 分の方々は，あまりプラスにならない
だけではなく，むしろマイナスになってしまうということがわかっています。

　悪化してしまうことについてはたくさんの要因が関係していますが，そ
の中の一つに**専門的能力の問題**が絡んでいます（Howard et al., 1986;
Lambert, 2013）。つまり，心理職の能力が不十分である，あるいは能力
の範囲外のこと，つまりできないことを行なってしまっていることが，そ
の背景にあることが研究によって示唆されています。

2　専門的能力の判断

　では，専門的能力について「できる，できない」をどのように判断した
らよいのでしょうか。2 つの判断の仕方があります。一つは**法的な判断の
仕方**，もう一つは**倫理的な判断の仕方**です。

　最初に，法的な判断の仕方をご説明しましょう。私たち心理職は，あま
り法律に詳しくありませんので，このあたりは少し難しいかもしれません。
以下をご覧ください。

> **ポイント2**　専門的能力の判断（1）
>
> ・注意の標準：「過失の有無を判定するための標準……その職業
> に従事する者としての通常人の基準」（田中，1991，p.803）
>
> ▲
>
> ▶「医療水準」（最高裁昭 54（オ）1368 号，昭 57 年 3 月 30
> 日　三小法廷判決）
> ・善良な管理者の注意（善管注意義務）：民事上の過失責任の前
> 提となる注意義務の程度を示す概念。その人の職業や社会的地
> 位等から考えて普通に要求される程度の注意（民法第 644 条等）
> （法令用語研究会，2000；金子・新堂・平井，1999）

　昭和 57（1982）年の最高裁の判決に，「**医療水準**」というものがありま
す。医療の世界では，医療におけるスタンダードというものが，ある程度わ
かっています。それは「このような患者さんが来た場合には，こういう対応
をするのが，医師としてはスタンダードである」といったものです。これは，
たとえば厚生労働省，厚生労働大臣からの告示であるとか，医師会からの
通達であるとか，あるいは医学部のテキストに載っているとか，あるいは一
般の臨床医が見るような論文に書いてあるといったかたちで示されています
（大谷，1995；田中・藤井，1986）。このように，患者の状況に対して，ど

のように対応することが医師としてのスタンダードなのかということが一般
の医師の間で共有されており，その共有されているものを，医師が患者に対
して行なったかどうかが，医療水準に基づく判断です。その背景にあるのは，
民法の注意義務における**善管注意義務**という考え方です。その人の職業や
社会的地位等から考えて，普通に要求される程度の注意を示す義務のこと
を，善管注意義務と言います。

　この話は，医師だけに限りません。私たち心理職についても，クライエ
ントに対してどう対応するのが心理職としてスタンダードか，共有されて
いるでしょうか。そのスタンダードをその心理職は行なっているでしょう
か。これが，専門的能力の法的な判断の大きなよりどころになります。

　たとえば不登校の中学生が来た場合，どう対応するのがスタンダードで
しょうか。抑うつ状態の会社員の方が来られた場合，どう対応するのがス
タンダードでしょうか。この点について，私たちはきちんとエビデンスを
積み重ねていく必要があります。あるいは，海外のいろいろなガイドライ
ンがたくさんありますので，それを参考にするのもいいと思います。

　次に倫理的な判断の仕方です。さまざまな倫理綱領に「できる範囲でし
なさい」「できないことは，できる方にお願いしてください」と書かれてい
ます。倫理的にどう判断したらよいのでしょうか。以下をご覧ください。

ポイント3　専門的能力の判断（2）

・教育：教室内での教育（講義，演習）
・訓練：実習
・経験：スーパービジョンを受けながらの経験および専門的な経験

▲

▶倫理綱領（American Counseling Association, 2014；American
Psychological Association , 2016 等）

　判断基準は，**教育**，**訓練**，**経験**の3つです。「自分は認知行動療法について，
授業で習いました」これは教育です。「実際に友だち同士で実践してみま
した」あるいは「臨床心理実習の場で認知行動療法を行なってみました」
これは**訓練**です。そして「実務経験や，スーパービジョンを受けながら認
知行動療法を実施しました」これが**経験**です。この3つを有して初めて「私
は認知行動療法を1人で行なうことができます」と言うことができます。
これが倫理的視点での判断の仕方です。

　では「授業は何時間」「実務経験は何時間」行なえばよいのでしょうか？
それは，それぞれの団体でガイドライン[02]を決めていただければよいの
ですが，基本的にはこの3つを満たしているかどうかを自分で判断する

講義メモ

02 ガイドライン　公認心理師カリキュラムでは，学部で何時間の授業を受けなければならないか，実習を何時間受けなければならないか，細かく定められている。これは，ガイドラインの一つとして考えることができる。とはいえ，カリキュラムに定められた時間数を満たしたからといって，専門的能力が証明されたと考えるのは早計である。

ことになります。

　法的な判断であっても倫理的な判断であっても「できないことはできる方に任せる」つまり，**リファーをする**ということが必要になります。そうしないと先ほど申し上げたように，クライエントを悪化させてしまうということが十分に起こりうるわけです。

3 「見捨てない」とは

　次に 7 つの原則の中の「**1. 相手を傷つけるおそれのある行動をしない**」という点についてお伝えします。

　ここには，先ほど申し上げた「専門的能力の範囲」も，もちろん関係します。あるいは，「秘密を漏らさない」ということももちろん入ってきます。それ以外にも「見捨てる・見捨てない」の話があります。先ほど，リファーのことを申し上げました。できない場合には，できる方にリファーしましょう。そのためにはまず，私たちはリファーできる先を知っている必要があります。知らないとリファーはできません。

　次に，リファーをするタイミングを考えていただきたいと思います。皆さん，ちょっと想像してみてください。皆さんがクライエントだとします。たとえば 10 回通った後に「あなたの援助は私には難しいので，どこかご紹介いたします」と言われる場合と，最初の段階で言われる場合を比べてみてください。皆さんは，どちらが「見捨てられた」あるいは「傷ついた」という感覚が少ないでしょうか。おそらく最初の段階でリファーされたほうがよいと思います。10 回通って 10 回めに「ここではできません」と言われたら，では今までの 10 回は何だったのだろうということになります。ですからリファーは早い段階で行なうべきです。これが「相手を傷つけない」あるいは「見捨てない」ことにつながります。そして援助がよりよくなるために大事なことです。そうすると，私たち心理職は「このクライエントの状態は自分の能力の範囲内だろうか」「ここでお相手ができるのだろうか」ということを早くアセスメントするスキルが必要になります。それからリファーをする場合は，インフォームド・コンセントの原則を考えると，複数のリファー先を提示して相手が選べるようにすることも必要です。

　また，心理職がいなくなってしまう場合があります。たとえば心理職が急に具合が悪くなり，入院をしなければならなくなった場合，あるいは年度末で退職をする，あるいは卒業をする場合，あるいは産休・育休に入る場合などがあります。私たちも人間ですからいろいろなことがあります。そうした場合，クライエントが見捨てられたと感じないようにするためには，やはりどうしたらいいか，それはきちんと考えておく必要があります。

あの心理士さん
最近いないなあ…

心理士さんは
産休に入りましたよ

クライエントは見捨てられたと感じるかもしれません

　ですからたとえば今日，具合が悪くなったなら，もちろん自分の職場に電話をして，自分の今日の予約のクライエントに受付から連絡をしてもらって，たとえば「今日，どうしましょうか」という話をしてもらって，別の日に予約を入れてもらうといった対応をする必要があります。あるいは，心理職が入院する，あるいは産休・育休に入るなど長い間休む場合には，それがわかったなるべく早い段階で，自分が不在になることをクライエントに知らせて，ではどうしたらいいかを一緒に話し合うべきです。たとえば「リファーをしてほしい」とか，あるいは「この相談室の中で，他の先生にお願いできませんか」とか，あるいは「ではもういいです」と言われてしまう場合もあるでしょう。いろいろなクライエントの意向があるでしょうから，それをふまえて対応する必要があります。

4　人間として尊重する

　次に，7つの原則の中の「4.　人間として尊重する」ことについてです。

> ポイント5　　一人ひとりを人間として尊重する
>
> ・冷たくあしらわない
> ・相手に対する呼び方・接し方に注意する
> ・相手を欺かない
> ・決めつけるような発言・一方的な発言・誤解を招くような言動
> 　などを行なわない　　　　　　　　　　　　　　　　　　　　　　など

「冷たく接する」ことや「自分の経歴，職歴などについてだます」ことは，当然行なってはいけないことです。また，相手の方を決めつけるような発言や，単なるレッテル貼り，あるいはデータに基づかない発言は適切ではありません。たとえば「クライエントの現在の状況は，子育てのせいである」といったことを，研究データに基づかずに発言することは，もちろん適切ではないわけです。

公認心理師は国家資格ですから，社会的に信用される可能性が高いです。ですからそういった不用意な発言はもちろん慎む必要があります。

5 偏りの自覚と，個々に適した支援

最後に，7つの原則の中の「7. 社会正義と公平・公正・平等」について説明します。

> **ポイント6** すべての人々を公平に扱い，社会的な正義と公正と平等の精神を実現することを目指す
>
> ・自身のもつ偏見に気づき，差別や嫌がらせを行なわない
> ・経済的理由その他の理由でサービスを拒否しない
> ・一人ひとりに合ったアセスメントや介入などを行なう　　など

私たちも人間ですので，もちろん，いろいろな偏りや偏見があると思います。あるいは得意，不得意もあると思います。そのような自身の偏りや得意・不得意について自覚し，それらが実際の援助実践に対して悪影響を及ぼさないようにすることが必要です。また，誰が来ても同じ対応をするのではなく，クライエントは一人ひとりそれぞれ最善の対応を受ける権利を有しているわけですから，一人ひとりをアセスメントし，一人ひとりに合った援助を行なわなければなりません。それも根拠に基づいた援助です。思いつきや好みではなく，根拠に基づいた，一人ひとりに合った対応が私たちには求められているのです。

6 PART 4 のまとめ

1. 職業倫理とは何か，なぜ必要か

まとめましょう。以下をご覧ください。

> ポイント1　職業倫理とは何か，なぜ必要か
>
> ・職業倫理とは何か
> 　▶自分たちで決めるルール
> 　▶社会との約束
> 　▶問題解決の指針
> ・職業倫理はなぜ必要か
> 　▶専門職として認められる要件
> 　▶市民・クライエントを守る

　職業倫理とは何でしょうか。これは心理職である私たちが決めて，自分たちで守り，そしてそれを社会に向けて約束をする，というものです。「私たちはこういう団体です。こういう職種です。ですからどうぞ，皆さん，私たちを信用してください」という，社会に向けての私たち心理職の約束です。この約束は，単なる約束事であるにとどまらず，実際に援助の場でいろいろな問題解決のうえで役に立つルールであると言えます。

　どうして職業倫理が必要なのでしょうか。それは専門職として認められる要件の一つであるだけではなく，私たち心理職が職業倫理を決めて，実践することによって，市民の方々を守り，そして適切な援助を行なっていくことができるからだと思います。

2．7つの原則とは何か

　職業倫理の7つの原則について，少し具体的に，基礎的なところでありますが，お話をさせていただきました。

　職業倫理について，授業が行なわれているところは少ないと思いますし，研修もほとんど行なわれていないと思います。そこで，推薦図書をあげておきます。中には私の著書もありますし，それから，法律のことも少し知っておいたほうがよい部分もありますので，法律の本も提示しておきました。

> **ポイント2**　　**推薦図書**
>
> ・金沢吉展（2006）『臨床心理学の倫理をまなぶ』　東京大学出版
> 　会
> ・ジェラルド・コウリー，マリアンネ・シュナイダー・コウリー，
> 　パトリック・キャラナン／村本詔司(監訳)（2004）『援助専門
> 　家のための倫理問題ワークブック』　創元社
> ・村本詔司（1998）『心理臨床と倫理』　朱鷺書房
> ・佐藤進（監修）　津川律子・元永拓郎(編)（2011）『心の専門家
> 　が出会う法律（第3版)』　誠信書房

本講義は，以上です。ありがとうございました。

ま と め

・自らの専門的能力について把握し，対応が困難なクライエントについてはリ
　ファーを検討しなければならない。そのためにも，複数のリファー先を知っ
　ておく必要がある。
・リファーは早い段階で行なわれることが望ましい。
・自らの偏りを自覚したうえで一人ひとりをアセスメントし，一人ひとりにエ
　ビデンスに基づいた援助を行なうことが必要となる。

確 認 問 題
TEST 1

以下の文章について，正しい文章には○，正しいとは言えない文章には×をつけなさい。

(1) 職業倫理とは，法によって定められたルールのことである。　　（　　　　　）

(2) 援助方針をわかりやすく伝え，同意を得ることをコンセンサスという。
　　　　　　　　　　　　　　　　　　　　　　　　　　　　　　（　　　　　）

(3) 専門職とみなされるためには，その職業集団に属する人々の訓練や行動を，集団内で自律的にコントロールできることが求められる。　　（　　　　　）

(4) 職業倫理に関する問題で最もトラブルや問題が多いのは，秘密保持に関する問題である。　　　　　　　　　　　　　　　　　　　　　　（　　　　　）

(5) 性的多重関係の問題が起こった場合，一番多い組み合わせは，男性の心理職と女性のクライエントという組み合わせである。　　　　　（　　　　　）

(6) 性的多重関係の問題を起こす心理職は，まだ心理職として未熟な20代の若者が多い。　　　　　　　　　　　　　　　　　　　　　　　（　　　　　）

(7) ある特定の理論的立場の心理職は，性的多重関係の問題を起こしやすく，問題視されている。　　　　　　　　　　　　　　　　　　　　　（　　　　　）

(8) 性的多重関係の問題を起こした心理職の多くが，「クライエントのため」ということを理由にあげる。　　　　　　　　　　　　　　　　　（　　　　　）

(9) 性的多重関係は，性的ではない多重関係と質的に異なる。　　（　　　　　）

(10)インフォームド・コンセントの中には,相手が拒否することを強制しないことや,相手の意思決定に必要な援助を行なうことも含まれる。　　（　　　　　）

(11)現在,主に採用されている秘密保持の考え方は,絶対的秘密保持の考え方である。
　　　　　　　　　　　　　　　　　　　　　　　　　　　　　　（　　　　　）

(12) クライエントのケアに直接かかわる人であっても，クライエントに関する情報を共有するべきではない。　　　　　　　　　　　　　　　（　　　　　）

(13) 専門的能力を倫理的に判断する基準は，主に教育，訓練，経験の3つである。
　　　　　　　　　　　　　　　　　　　　　　　　　　　　　　（　　　　　）

(14) クライエントに見捨てられたと思われないためにも，リファーは複数回面接を行った後で行なうことが望ましい。　　　　　　　　　　（　　　　　）

確認問題
TEST 2

次の空欄にあてはまる用語を記入しなさい。

(1) 情報公開が請求された場合，基本的に 3 つの対応がある。1 つめは（　①　）。これは情報公開法制の基本であり，国民の知る権利に基づきすべて公開することである。2 つめは（　②　）。プライバシーの保護の観点から，選択されることがある。3 つめが（　③　）。（　①　）と（　②　）の中間にあり，一部を公開せず，残ったものを公開するという開示方法である。

(2) 職場などで，意に反する性的言動によって相手に不快感や苦痛を与える行為のことを（　④　），研究上または教育上の権限を乱用して，研究活動・教育指導に関する妨害や不利益を与えることを（　⑤　），職場内の優位性を背景として，業務の範囲を超えて精神的・身体的苦痛を与える行為，または職場環境を悪化させる行為のことを（　⑥　）と言う。

(3) たとえば重篤なうつ状態にあり薬物療法が必要な場合に精神科を紹介するなど，他の適切な治療機関にクライエントを紹介することを（　⑦　）と言う。

(4) 職業や社会的地位等から考えて，普通に要求される程度の注意を示す義務のことを（　⑧　）と言う。

確 認 問 題
TEST 3

職業倫理の7つの原則を，すべてあげなさい。

確 認 問 題
TEST 4

以下の問いに答えなさい。

(1)「職業倫理は不要だ」という考えにいたることでどのような問題が生じるか，論じなさい。

(2) 多重関係とは何か。また，多重関係がなぜ問題なのか，論じなさい。

(3) 心理職がクライエントと契約を結ぶにあたり，法律上の契約という条件を満たすためにも，インフォームド・コンセントが求められる。それはなぜか，論じなさい。

(4) 心理職に，警告義務あるいは保護義務が発生する条件について論じなさい。

(5) 秘密保持の例外に関する対応を行なううえで，注意すべきことは何か論じなさい。

(6) 心理専門職として，すべての人々を公平に扱い，社会的な正義と公正と平等の精神を実現するために，どのようなことをするべきか，論じなさい。

解答例

TEST 1

(1) ×　職能集団が自分たちで決めるルールのことである。

(2) ×　コンセンサスではなく，インフォームド・コンセントである。

(3) ○

(4) ×　秘密保持に関する問題ではなく，「心理職がクライエントを利己的に利用してしまう問題」が最も多い。

(5) ○

(6) ×　年齢層としては，ある程度の経験を積んだ中年かそれ以上の年齢が多い。

(7) ×　特定の理論的立場と性的多重関係の発生には，関連が認められていない。

(8) ○

(9) ×　非性的多重関係から性的多重関係へと，段階的に進行していく。

(10) ○

(11) ×　絶対的秘密保持ではなく，限定的（条件つき）秘密保持である。

(12) ×　クライエントのケアに直接かかわる人たちの間において，クライエントのケアのために業務上必要な情報交換は，秘密保持の例外の一つに該当する。

(13) ○

(14) ×　クライエントに見捨てられたと思われないためにも，できるだけ早い段階でリファーすることが望ましい。

TEST 2

(1) ①全面開示，②非開示，③部分開示

(2) ④セクシャル・ハラスメント，⑤アカデミック・ハラスメント，⑥パワー・ハラスメント

(3) ⑦リファー

(4) ⑧善管注意義務

TEST 3

・傷つけるおそれのある行動をしない

・教育・訓練の範囲内で相手の福祉に寄与

・利己的に利用しない

・人間として尊重する

・秘密を守る

・インフォームド・コンセントと自己決定権の尊重

・社会正義と公平・公正・平等

TEST 4

(1) 「職業倫理は不要だ」という考えにいたることで，まず職業倫理教育が実施されない，あるいは行なわれても不十分であるという問題が生じる。特に教える側に「職業倫理は本当に必要なのか」という疑問がある場合，職業倫理が実際の授業として取り上げられず，あるいは取り上げられたとしても，片手間で終わってしまう可能性が高い。さらに，倫理という枠組みがないと，援助者の利益のためにクライエントが利用される恐れがあり，さまざまな倫理的問題が生じてしまう。結果，社会やクライエントへの貢献が不十分になり，心理職は社会的な信頼を失ってしまう可能性が高くなる。

　　以上のことから，職業倫理が存在しなければ，心理職が社会から認められ，専門職として確立することができなくなってしまうのである。

(2) 多重関係とは，「複数の専門的関係の中で業務を行なっている状況」であり「専門家としての役割とそれ以外の役割の両方の役割をとっている状況」でもある。

　　たとえば心理職である大学の教授が，自分の学生をクライエントとして心理面接を行なったとする。この状況は，心理職とクライエントという関係だけでなく，大学の教員と学生という関係も存在するため，多重関係となる。このとき，クライエントである学生は「こんなことを先生に話すと，成績を下げられるのではないか」あるいは「こんなことを先生に話すと，後で不利な扱いを受けるのではないだろうか」などの懸念を抱いてしまい，自身のさまざまな思いを口にすることが難しくなってしまう。

　　以上のように多重関係が成立すると，心理面接において必要とされる中立性が，成り立たなくなってしまうのである。

(3) 法的な意味での契約が成立するには，契約を結ぶ当事者同士が「対等」であることが求められる。心理職は，心理的援助の場がどのようなものか知っているが，多くのクライエントは知らない。つまり，この時点で心理職とクライエントとは対等とは言い

難いため，心理職からクライエントに心理的援助とはどのようなものか，丁寧に説明する必要がある。十分な説明によって，心理職とクライエントは対等となり，この段階まできて初めて，法的な意味での契約が認められることになる。そうでなければ，無効の契約になる。したがって，十分に説明して合意を得るということは，倫理的にインフォームド・コンセントの原則を満たすだけではなく，法律上の契約という条件を満たすということにもなるのである。

(4)　心理職に警告義務あるいは保護義務が発生する条件は，以下の3点である。

　　1点めに，当事者間に特別の信頼に裏づけられた関係が存在している場合である。2点めに，襲われる危険性のある方が特定できる場合である。3点めに，明確で切迫した危険（生命の危険）が存在する，またその危険が予測できる場合が該当する。

　　この3つの条件が満たされ自殺や他殺が疑われる場合，襲われる危険性のある方本人と周りの人々，そして警察に警告する等の義務が生じる。自殺が疑われる場合は，周りの方々にきちんと知らせて本人の安全を確保するということが特に重要となる。

(5)　秘密保持の例外に関する対応を行なううえで，注意すべきことがある。多くの一般の人々は，心理職が絶対に情報を守ると思っている可能性が高い。だが心理職は，秘密保持には例外があることを知っている。このギャップがトラブルのもとになる。

　　よって，クライエントに対して十分なインフォームド・コンセントを行なう必要がある。具体的には，「秘密を守る条件は何か」「秘密を誰かに知らせる必要がある場合は，どのような場合か」をきちんと説明し，しかも最初の時点で了解を得ることが必要である。たとえば，最初の面接が終わった後で，家族と名乗る者から電話が来たり，学校の先生と名乗る者が面接に来たりすることは非常に起こりうる。そこで，最初の面接の時点で，秘密保持と例外に関するインフォームド・コンセントを十分に行なっておかないと，このような突然の電話や来訪に対してどのように対応したらよいかわからなくなってしまう。

　　よって，秘密保持の例外に関する対応を行なうためには，最初の段階で，秘密の守り方，情報の扱い方，秘密保持の例外について，丁寧に説明し，同意を得る必要がある。

(6)　「すべての人々を公平に扱い，社会的な正義と公正と平等の精神を実現することを目指す」ためには，どのようなことをすればよいか。大きく分けて2つあげられる。

　　1つめは，自らの偏りに関する自覚をもつことである。人間には，いろいろな偏見，得意・不得意が存在する。偏見はすべての人々を公平に扱うことを困難にする。また，得意なことには注目しやすくなり，不得意なことには注目しにくくなる。だが，すべての偏見を捨て去ることは現実的ではない。そこで，自身の偏りや得意・不得意について自覚し，心理実践において悪影響を及ぼさないようにすることが重要である。

　　2つめは，一人ひとりに対して最善の対応を行なうアセスメントすることである。クライエントは誰もが，自分にあった最善の支援を受ける権利を有している。そこで心理職は，どのクライエントに対しても同じ対応をするのではなく，一人ひとりをアセスメントしたうえで一人ひとりに合った支援方法を選択し，根拠に基づいた支援を行なうことが求められる。

付　録

公認心理師法と公認心理師試験の概要

1. 公認心理師法（一部）

（平成二十七年法律第六十八号）

第一章　総則
（目的）　第一条　この法律は，公認心理師の資格を定めて，その業務の適正を図り，もって国民の心の健康の保持増進に寄与することを目的とする。

（定義）　第二条　この法律において「公認心理師」とは，第28条の登録を受け，公認心理師の名称を用いて，保健医療，福祉，教育その他の分野において，心理学に関する専門的知識及び技術をもって，次に掲げる行為を行うことを業とする者をいう。
一　心理に関する支援を要する者の心理状態を観察し，その結果を分析すること。
二　心理に関する支援を要する者に対し，その心理に関する相談に応じ，助言，指導その他の援助を行うこと。
三　心理に関する支援を要する者の関係者に対し，その相談に応じ，助言，指導その他の援助を行うこと。
四　心の健康に関する知識の普及を図るための教育及び情報の提供を行うこと。

第四章　義務等
（信用失墜行為の禁止）　第四十条　公認心理師は，公認心理師の信用を傷つけるような行為をしてはならない。

（秘密保持義務）　第四十一条　公認心理師は，正当な理由がなく，その業務に関して知り得た人の秘密を漏らしてはならない。公認心理師でなくなった後においても，同様とする。

（連携等）　第四十二条　公認心理師は，その業務を行うに当たっては，その担当する者に対し，保健医療，福祉，教育等が密接な連携の下で総合的かつ適切に提供されるよう，これらを提供する者その他の関係者等との連携を保たなければならない。
　2　公認心理師は，その業務を行うに当たって心理に関する支援を要する者に当該支援に係る主治の医師があるときは，その指示を受けなければならない。

（資質向上の責務）　第四十三条　公認心理師は，国民の心の健康を取り巻く環境の変化による業務の内容の変化に適応するため，第二条各号に掲げる行為に関する知識及び技能の向上に努めなければならない。

（名称の使用制限）　第四十四条　公認心理師でない者は，公認心理師という名称を使用してはならない。
　2　前項に規定するもののほか，公認心理師でない者は，その名称中に心理師という文字を用いてはならない。

2.　公認心理師試験の出題形式

　全問マークシート形式。面接や論述試験はなし。解答形式は，5肢択一（5つの選択肢から1つを選ぶ形式），4肢択一（4つの選択肢から1つを選ぶ形式），5肢択二（5つの選択肢から2つを選ぶ形式）の3種類。マークシート用紙はAとBのいずれかが渡される。用紙Aは塗りつぶす①～⑤が横にならんでおり，用紙Bは①～⑤が縦にならんでいる。マークシートが用紙Aであっても用紙Bであっても試験問題に違いはない。

　午前・午後ともに，試験時間は120分（弱視等受験者は160分，点字等受験者は180分），一般問題58題の後に事例問題19題が出題され，合計77題が出題される。午前と午後合わせて，計154問が出題される。配点は一般問題が1問1点，事例問題が1問3点で，230点満点。合格基準は60%（138点）程度とされている。

3.　公認心理師試験の出題基準

　以下，心理研修センターより発表されている説明を抜粋して紹介する。

（1）公認心理師試験出題基準とは
ア　定義
　公認心理師試験出題基準は，公認心理師試験の範囲とレベルを項目によって整理したものであり，試験委員が出題に際して準拠する基準である。
イ　基本的考え方
　全体を通じて，公認心理師としての業務を行うために必要な知識及び技能の到達度を確認することに主眼を置いている。

（2）ブループリントとは
　ブループリント（公認心理師試験設計表）は，公認心理師試験出題基準の各大項目の出題割合を示したものである。
　これに基づいて，心理職に対するニーズが高まっている近年の状況を踏まえ，社会変化に伴う国民の心の健康の保持増進に必要な分野を含めた幅広い分野から出題するほか，頻度や緊急性の高い分野についても優先的に出題することになる。

表1　ブループリント

	内容	公表出題数	
①	公認心理師としての職責の自覚	13.9題	（9%）
②	問題解決能力と生涯学習		
③	多職種連携・地域連携		
④	心理学・臨床心理学の全体像	4.6題	（3%）
⑤	心理学における研究	3.1題	（2%）
⑥	心理学に関する実験	3.1題	（2%）
⑦	知覚及び認知	3.1題	（2%）
⑧	学習及び言語	3.1題	（2%）
⑨	感情及び人格	3.1題	（2%）
⑩	脳・神経の働き	3.1題	（2%）
⑪	社会及び集団に関する心理学	3.1題	（2%）
⑫	発達	7.7題	（5%）
⑬	障害者（児）の心理学	4.6題	（3%）
⑭	心理状態の観察及び結果の分析	12.3題	（8%）
⑮	心理に関する支援	9.2題	（6%）
⑯	健康・医療に関する心理学	13.9題	（9%）
⑰	福祉に関する心理学	13.9題	（9%）
⑱	教育に関する心理学	13.9題	（9%）
⑲	司法・犯罪に関する心理学	7.7題	（5%）
⑳	産業・組織に関する心理学	7.7題	（5%）
㉑	人体の構造と機能及び疾病	6.2題	（4%）
㉒	精神疾患とその治療	7.7題	（5%）
㉓	公認心理師に関する制度	9.2題	（6%）
㉔	その他	3.1題	（2%）

公表出題数は，154題×公表出題割合の値です。

4.　受験者数と合格率

　これまでに行なわれてきた公認心理師国家試

験の受験者数と合格者数，および合格率は以下
の表2のとおりである。

表2　受験者数と合格率

	第1回試験	第1回追試	第2回試験
実施時期	2018年9月	2018年12月	2019年8月
受験者数	35,020人	1,083人	16,949人
合格者数	27,876人	698人	7,864人
合格率	79.6%	64.5%	46.4%

（注）第1回試験は，2018年9月6日に発生した北
海道胆振東部地震のために，北海道会場のみ試験実
施が延期された。第1回追試とは，北海道会場の受
験者を対象として同年12月16日に実施された追加
試験である。出題形式は本試験と同様だが，出題さ
れた内容は異なっている。

引用・参考文献

PART 1

Baddeley, A. D. (1990). *Human memory: Theory and Practice*. Allyn & Bacon.

鹿取廣人・杉本敏夫・鳥居修晃（編）（2015）．心理学［第5版］　東京大学出版会

楠見 孝（編）（2018）．心理学って何だろうか？　四千人の調査から見える期待と現実　誠信書房

日本心理研修センター（監修）（2019）．公認心理師 現任者講習会テキスト　金剛出版

PART 2

Eysenck, H. J. (1952). The effects of psychotherapy: An evaluation. *Journal of Consulting Psychology, 16*, 319-324.

南風原朝和（2011）．臨床心理学をまなぶ7巻　量的研究法　東京大学出版会

樋口康彦（2006）．大学生における準ひきこもり行動に関する考察：キャンパスの孤立者について　富山国際大学国際教養学部紀要，*2*, 25-30.

平木典子（2010）．臨床心理学をまなぶ4巻　統合的介入法　東京大学出版会

松見淳子（未刊）．臨床心理学をまなぶ3巻　アセスメントから介入へ　東京大学出版会

能智正博（2011）．臨床心理学をまなぶ6巻　質的研究法　東京大学出版会

下山晴彦（2010）．臨床心理学をまなぶ1巻　これからの臨床心理学　東京大学出版会

下山晴彦（2014）．臨床心理学をまなぶ2巻　実践の基本　東京大学出版会

高畠克子（2011）．臨床心理学をまなぶ5巻　コミュニティ・アプローチ　東京大学出版会

PART 3

Guyatt, G. H. (1991). Evidence-Based Medicine. *American College of Physicians Journal Club, 114*(2), A-16. http://www.acpjc.org/Content/114/2/issue/ACPJC-1991-114-2-A16.htm

原田隆之・高橋 稔・笹川智子（2010）．臨床心理学における神話　目白大学心理学研究, *6*, 55-65.

原田隆之（2015）．心理職のためのエビデンス・ベイスト・プラクティス入門：エビデンスをまなぶ，つくる，つかう　金剛出版

Harada, T., Tsutomi, H., Mori, R., & Wilson, D.B. (2018). Cognitive-behavioural treatment for amphetamine-type stimulants（ATS）-use disorders. Cochrane Database of Systematic Reviews 2019, Issue 1. Art. No.: CD011315. DOI: 10.1002/14651858.CD011315.pub2.

警察庁（2008）平成20年版警察白書　ぎょうせい

Sackett, D. L. Straus, S. E., Richardson, W. S., Rosenberg, W., & Haynes, R. B.（2000）. *Evidence-Based Medicine: How to Practice and Teach EBM*（2ed ed.）. London: Churchill Livingstone.

PART 4

American Counseling Association（2014）. *2014 ACA Code of Ethics as approved by the ACA Governing Council*. Alexandria, VA: Author.

American Psychological Association（2016）. Ethical Principles of Psychologists and Code of Conduct. In A. E. Kazdin（Ed）, *Methodological issues and strategies in clinical research*（4th ed.）.（pp. 495-512）. Washington, DC, US: American Psychological Association.

American Psychological Association (2017). *Ethical principles of psychologists and code of conduct*. Washington, DC: Author.

American Psychological Association, Ethics Committee. (2016). Report of the Ethics Committee, 2015. *American Psychologist*, *71*, 427-436.

Barnhart, R. K. (ed.) (1988). *The Barnhart dictionary of etymology*. New York: H.W. Wilson Co.

Borys, D. S., & Pope, K. S. (1989). Dual relationships between therapist and client: Anational study of psychologists, psychiatrists, and social workers. *Professional Psychology: Research and Practice*, *20*, 283-293.

Bouhoutsos, J., Holroyd, J., Lerman, H., Forer, B. R., & Greenberg, M. (1983). Sexual intimacy between psychotherapitsts and patients. *Professional Psychology: Research and Practice*, *14*, 185-196.

Brown, L. S. (1994). Concrete boundaries and the problem of literal-mindedness: A response to Lazarus. *Ethics and Behavior*, *4*, 275-281.

Buckner, F., & Firestone, M. (2000). "Where the public peril begins": 25 years after Tarasoff. *Journal of Legal Medicine*, *21*, 187-222.

Canadian Psychological Association (2000). *Canadian code of ethics for psychologists* (3rd ed.). Ottawa, Ontario: Author.

Dauser, P. J., Hedstrom, S. M., & Croteau, J. M. (1995). Effects of disclosure of comprehensive pretherapy information on clients at a university counseling center. *Professional Psychology: Research and practice*, *26*, 190-195.

Dickson, D. T. (1995). *Law in the health and human services: A guide for social workers, psychologists, psychiatrists, and related professionals*. New York: Free Press.

江口 聡 (1998). インフォームド・コンセント：概念の説明　加藤尚武・加茂直樹 (編)　生命倫理学を学ぶ人のために (pp. 30-40).　世界思想社

Gabbard, G. O. (1994). Reconsidering the American Psychological Association's policy on sex with former patients: Is it justifiable? *Professional Psychology: Research and Practice*, *25*, 329-335.

Goode, W. J. (1960). Encroachment, charlatanism, and the emerging profession: Psychology, sociology, and medicine. *American Sociological Review*, *25*, 902-914.

Handelsman, M. M. (1990). Do written consent forms influence clients' first impressions of therapists? *Professional Psychology: Research and Practice*, *21*, 451-454.

判例時報 (1996). カウンセラーが面接により知り得た相談者の私的事柄等を無断で書籍に記述したことについて，守秘義務違反として債務不履行責任が認められた事例 (平成7年6月22日判決)　判例時報, *1550*, 40-44.

Herlihy, B., & Corey, G. (1996). Confidentiality. In B. Herlihy, & G. Corey (Eds.), *ACA ethical standards casebook* (5th ed.) (pp. 205-209). Alexandria, VA: American Counseling Association.

Hillerbrand, E. T., & Claiborn, C. D. (1988). Ethical knowledge exhibited by clients and nonclients. *Professional Psychology: Research and Practice*, *19*, 527-531.

星野一正 (2003). インフォームド・コンセント：患者が納得し同意する診療　丸善

法令用語研究会 (編)(2000). 有斐閣法律用語辞典 [第2版]　有斐閣

Howard, K. I., Kopta, S. M., Krause, M. S., & Orlinsky, D. E. (1986). The dose–effect relationship in psychotherapy. *American Psychologist*, *41*, 159-164.

金沢吉展 (1998). カウンセラー：専門家としての条件　誠信書房

金沢吉展 (2006). 臨床心理学の倫理をまなぶ　東京大学出版会

金子 宏・新堂幸司・平井宜雄 (編)(1999). 法律学小辞典 [第3版]　有斐閣

河上正二 (1995).「専門家の責任」と契約理論：契約法からの一管見　法律時報, *67*(2), 6-11.

慶野遙香 (2013). 臨床心理士の出会う倫理的困難に関する実態把握調査　心理臨床学研究, *30*, 934-939.

Kitchener, K. S. (2000). *Foundations of ethical practice, research, and teaching in psychology*. Mahwah, NJ: Lawrence Erlbaum.

Knapp, S., & VandeCreek, L. (1990). Application of the duty to protect to HIV-positive patients. *Professional Psychology: Research and Practice*, *21*, 161-166.

Lamb, D. H., & Catanzaro, S. J. (1998). Sexual and nonsexual boundary violations involving psychologists, clients, supervisees, and students: Implications for professional practice. *Professional Psychology: Research and Practice*, *29*, 498-503.

Lambert, M. J. (2013). The efficacy and effectiveness of psychotherapy. In M. J. Lambert (Ed.), *Bergin and Garfield's handbook of psychotherapy and behavior change* (6th ed.) (pp. 169-218). New York: Wiley.

村本詔司 (1998). 心理臨床と倫理　朱鷺書房

日本心理臨床学会倫理委員会 (1999). 倫理問題に関する基礎調査 (1995年) の結果報告　心理臨床学研究, *17*(1), 97-100.

大谷 實 (1995). 医療行為と法 [新版補正版]　弘文堂

Pope, K. S. (1990a). Therapist-patient sex as sex abuse: Six scientific, professional, and practical dilemmas in addressing victimization and rehabilitation. *Professional Psychology: Research and Practice*, *21*, 227-239.

Pope, K. S. (1990b). Therapist-patient sexual involvement: A review of the research. *Clinical Psychology Review, 10*,

477-490.

Pope, K. S. (1993). Licensing disciplinary actions for psychologists who have been sexually involved with a client: Some information about offenders. *Professional Psychology: Research and Practice*, *24*, 374-377.

Pope, K. S. (1994). *Sexual involvement with therapists: Patient assessment, subsequent therapy, forensics*. Washington, DC: American Psychological Association.

Pope, K. S., Levenson, H., & Schover, L. R. (1979). Sexual intimacy in psychology training: Results and implications of a national survey. *American Psychologist*, *34*, 682-689.

Pope, K. S., Tabachnick, B. G., & Keith-Spiegel, P. (1987). Ethics of practice: The beliefs and behaviors of psychologists as therapists. *American Psychologist*, *42*, 993-1006.

Pope, K. S., & Vasquez, M. J. T. (1991). *Ethics in psychotherapy and counseling: A practical guide for psychologists*. San Francisco: Jossey-Bass.

Redlich, F., & Pope, K. S. (1980). Ethics of mental health training. *Journal of Nervous and Mental Disease*, *168*, 709-714.

Rubanowitz, D. E. (1987). Public attitudes toward psychotherapist-client confidentiality. *Professional Psychology: Research and Practice*, *18*, 613-618.

新村 出 (編) (2008). 広辞苑 第六版　岩波書店

Simpson, J. A., & Weiner, E. S. C. (prep.) (1989). *The Oxford English dictionary* (2nd ed.), vol. 12. Oxford, U.K.: Clarendon Press.

Somer, E., & Saadon, M. (1999). Therapist-client sex: Clients' retrospective reports. *Professional Psychology: Research and Practice*, *30*, 504-509.

Sonne, J. L. (1994). Multiple relationships: Does the new ethics code answer the right questions? *Professional Psychology: Research and Practice*, *25*, 336-343.

Sonne, J. L., & Pope, K. S. (1991). Treating victims of therapist-patient sexual involvement. *Psychotherapy*, *28*, 174-187.

田中秀夫 (編集代表) (1991). 英米法辞典　東京大学出版会

田中 実・藤井輝久 (1986). 医療の法律紛争：医師と患者の信頼回復のために　有斐閣

Tarasoff v. The Regents of the University of California, 17 Cal. 3d 425, 551 P.2d 334, 131 Cal. Rptr. 14 (Cal. 1976)

VandeCreek, L., & Knapp, S. (2001). *Tarasoff and beyond: Legal and clinical considerations in the treatment of life-endangering patients* (3rd ed.). Sarasota, FL: Professional Resource Press.

弥永真生 (1995).「専門家の責任」と保険法論の展望　法律時報, *67*(2), 12-17.

横山美夏 (1996). 契約締結過程における情報提供義務　ジュリスト, *1094*, 128-138.

索　引

非開示　157
ビッグ・ファイブ・モデル　32
ビネー（Binet, A.）　60
ヒポクラテスの誓い　181
秘密保持　166, 180
秘密保持の例外　184
評価懸念　36
表象　20

フェヒナー（Fechner, G. T.）　10
フェヒナーの法則　11
複製モード　139, 142
負の強化　26
負の弱化　26
部分開示　158
プラセボ（効果）　107, 134
ブループリント　202
フロイト（Freud, S.）　15, 60

平均への回帰　135
ベイトソン（Bateson, G.）　60
扁桃体　21
弁別閾　9

傍観者効果　36
ホーソン効果　134
保護義務　183
補償を伴う選択的最適化　38
ボストン会議　60
ホメオパシー　104

【ま】
マインドフルネス　137

マウラーの二要因理論　27
松本亦太郎　12

無条件刺激　25
無条件反応　25

名称独占資格　79
メタアナリシス　103, 111, 116, 125, 126, 135-137

【や】
有意差　18

要素主義　12

【ら】
ランダム化比較試験　103, 106, 125, 126

力動的な心理療法　109
リファー　89, 174, 190
臨床心理学　65
臨床心理学の定義　84
臨床心理学の発展　68
臨床心理士　57
倫理基準　164
倫理綱領　153, 164

レスポンデント条件づけ　25

ロジャース（Rogers, C.）　60

【わ】
YG 性格検査　31
ワトソン（Watson, J. B.）　15, 60

執筆者紹介

監修

下山晴彦（しもやま・はるひこ）

東京大学大学院教育学研究科臨床心理コース 教授　教育学博士
【主著】
臨床心理アセスメント入門　金剛出版　2008 年
臨床心理学をまなぶ 1　これからの臨床心理学　東京大学出版会　2012 年
臨床心理学をまなぶ 2　実践の基本　東京大学出版会　2014 年
誠信 心理学辞典 新版（編集代表）　誠信書房　2014 年
公認心理師必携　精神医療・臨床心理の知識と技術（編著）　医学書院　2016 年
臨床心理フロンティアシリーズ　認知行動療法入門（監修・著）　講談社　2017 年

編集 [講義]

宮川　純（みやがわ・じゅん）
　　　　　…PART 1，講義メモ・確認問題

河合塾 KALS 講師（心理系大学院受験対策講座担当）
【主著】
公認心理師・臨床心理士大学院対策 鉄則 10 ＆ キーワード
　　100 心理学編　講談社　2014 年
公認心理師・臨床心理士大学院対策 鉄則 10 ＆ キーワード
　　25 心理統計編　講談社　2015 年
受験カウンセリング：心理学が教えてくれる上手に学ぶ秘
　　訣 40　東京図書　2015 年
赤本 公認心理師国家試験対策 2020　講談社　2020 年

原田隆之（はらだ・たかゆき）…PART 3

筑波大学人間系心理学域 教授　保健学博士，公認心理師，
臨床心理士
【主著】
心理職のためのエビデンス・ベイスト・プラクティス入
　　門：エビデンスをまなぶ，つくる，つかう　金剛出版
　　2015 年
入門 犯罪心理学　ちくま新書　2015 年
犯罪行動の心理学（翻訳）北大路書房　2018 年
公認心理師技法ガイド（分担執筆）文光堂　2019 年
アディクションサイエンス：依存・嗜癖の科学（分担執筆）
　　朝倉書店　2019 年

下山晴彦（しもやま・はるひこ）…PART 2

監修

金沢吉展（かなざわ・よしのぶ）…PART 4

明治学院大学心理学部 教授
Ph.D. (Counseling Psychology)
【主著】
臨床心理学の倫理をまなぶ　東京大学出版会　2006 年
カウンセリング・心理療法の基礎：カウンセラー・セラピ
　　ストを目指す人のために（編著）有斐閣　2007 年
心の専門家が出会う法律 [新版]（共著）誠信書房　2016 年
公認心理師の職責（共著）遠見書房　2018 年
公認心理師技法ガイド：臨床の場で役立つ実践のすべて（共
　　著）文光堂　2019 年

臨床心理フロンティア

公認心理師のための「基礎科目」講義

2020 年 2 月 10 日　初版第 1 刷印刷	定価はカバーに表示
2020 年 2 月 20 日　初版第 1 刷発行	してあります。

監 修 者　　下　山　晴　彦
編 著 者　　宮　川　　　純
　　　　　　下　山　晴　彦
　　　　　　原　田　隆　之
　　　　　　金　沢　吉　展

発 行 所　　（株）北大路書房
〒 603-8303　京都市北区紫野十二坊町 12-8
電話　（075）431-0361（代）
FAX　（075）431-9393
振替　01050-4-2083

編集・デザイン・装丁 上瀬奈緒子（綴水社）　イラスト かわいしんすけ
印刷・製本 亜細亜印刷（株）
©2020　ISBN978-4-7628-3097-6　Printed in Japan
検印省略　落丁・乱丁本はお取り替えいたします

臨床心理フロンティア
Frontier

監修 下山晴彦 編集協力 宮川 純

講義動画と組み合わせて 重要なテーマを学べるシリーズ

現代臨床心理学を牽引するエキスパートによる講義を実現。
講義で取り上げた用語やキーワードは「講義メモ」で丁寧に補足し、
内容理解が深まる「確認問題」と「付録」つき。

公認心理師のための「基礎科目」講義

宮川　純・下山晴彦・原田隆之・金沢吉展　編著

B5 判・224 頁・本体 3000 円＋税
ISBN978-4-7628-3097-6　C3311

PART 1 では心理学の学び方入門，PART 2 では臨床心理学入門，
PART 3 ではエビデンスベイストプラクティスの基本，PART 4 では
心理職の職業倫理について学べる。いずれも講義メモおよび確認問
題を付し，自身の習得度をチェック可。

公認心理師のための「発達障害」講義

桑原　斉・田中康雄・稲田尚子・黒田美保　編著

B5 判・224 頁・本体 3000 円＋税
ISBN978-4-7628-3045-7　C3311

PART 1 では障害分類とその診断の手続き，PART 2 では心理職の役
割について，PART 3 では自閉スペクトラム症に焦点をあてたその
理解（アセスメント）の方法，PART 4 ではその支援について学べる。

★シリーズ続刊予定

公認心理師のための「臨床心理アセスメント」講義（仮題）
公認心理師のための「認知行動療法」講義（仮題）